十代の自殺の危険

臨床家のためのスクリーニング、
評価、予防のガイド

TEEN SUICIDE RISK
A Practitioner Guide
to Screening, Assessment,
and Management

シェリル・A・キング
シンシア・E・フォスター
ケリー・M・ロガルスキー◉著

高橋祥友◉監訳

高橋 晶
今村芳博
鈴木吏良◉訳

Ψ金剛出版

TEEN SUICIDE RISK

by

Cheryl A. King
Cynthia E. Foster
Kelly M. Rogalski

著者略歴

シェリル・A・キング（Cheryl A. King, PhD, ABPP）

ミシガン大学精神科・心理学科教授で、同大学において若者のうつ病と自殺予防に関する研究計画部長および人間適応研究所の所長を務める。学会認定の児童思春期臨床心理士でもある。臨床心理学の教育者として、また、政策立案の提唱者として幅広い活動を展開し、米国や海外で自殺の危険の高い子ども、思春期、若年成人の予防に関連した幅広い話題についてワークショップを実施してきた。思春期や若年成人についての自殺の危険の認識、評価、介入に関する最善の対応についての研究など、若者の自殺予防についてさまざまな論文を発表してきた。米国心理学会の評議員であり、児童思春期臨床心理学会、大学保健管理センター臨床心理士会、米国自殺予防学会の元会長でもある。

シンシア・E・フォスター（Cynthia E. Foster, PhD）

ミシガン大学精神科臨床准教授、同大学の小児と家族センター部長である。うつ病に罹患していたり、自殺の危険の高かったりする若者に対するエビデンスに基づく介入を実施するうえで、多くの研修を受け、臨床経験も豊富である。精神医学、心理学、ソーシャルワークの分野における若手の専門家を教育してきた。研究では、うつ病や自殺の危険の高い若者に対して地域や学校における介入について関心がある。最近では、ミシガン州のガレット・リー・スミス自殺予防基金の評価コンサルタントも務めている。

ケリー・M・ロガルスキー（Kelly M. Rogalski, MD）

南ミシガンにあるヘンリー・フォード病院の児童精神科医で、児童精神科外来部長である。同病院は、優れたうつ病治療によって自殺の危険を減らしたことが評価され、二〇一一年マルコム・ボールドリッジ全国品質管理賞を受賞した。博士の研究の関心は行動面の健康を質的に改善させることである。州立ウェイン大学医学部でボランティアの教育スタッフとして、医学生、研修医、看護学生の教育にもあたっている。

謝辞

本書は、自殺の危険の高いティーンエイジャー[*1]についてのスクリーニング、評価、管理に関する、長年にわたる臨床経験、コンサルテーション、応用研究などを集大成したものである。私たちには大いに影響を受けたたくさんの教師がいる。その師の中には、難しい質問を私たちに投げかけ、困難な患者の治療を手助けし、新たな視点や臨床上の成功を分かち合ってくれて、常に私たちが注意を払っているようにしてくれた、学生たちも含まれる。また、これらの青少年の治療についての情報を与えてくれて、厳密で、しばしば大変な苦労を伴う研究を実施してくださった多くの臨床の研究者たちにも、私たちは多くを負っている。これらの研究の成果は本書にも含まれている。最後に、患者やクライアント、すなわち、自殺の危険の高い青少年とその家族にも感謝する。彼らは非常に印象深い師であった。読者が当然認識しているように、「この青少年の正確な自殺の危険はどの程度だろうか？」とか「家族価値やこの地域で実際に受けられる治療を考慮に入れると、この青少年の患者に対

*1 ティーンエイジャー（**teenager**）――本書が発行された米国では、一三～一九歳までの年齢を示す。わが国ではおよそ中学生～高校生にあたる青少年と考えてよいだろう。

して最善とは言えないまでも、次善の策は何だろうか？」といった質問に対して、臨床科学はしばしば不十分な答えしか出せない。たとえ関連する科学的根拠があったとしても、個々の患者の独特な背景、価値観、さまざまな青少年やその家族の好みといった点を考慮しなければならないことの重要性について、誰も否定しない。このような青少年やその家族は、感情的な苦痛、希望、共感の重要性を私たちに教えてくれる。

本書は長期的視点に立ったガイドラインというよりはむしろ、臨床家のためのエビデンスに基づいたガイドブックであり、科学的根拠を提示するとともに、共感に満ちた治療、長年にわたる科学的な新知見の統合、他の専門家たちとのコンサルテーションについて取り上げようとするものである。このコンサルテーションを重視するということに関して、私たちはこの領域の思慮に富む多くの同僚たちからきわめて多くの有用な助力を得られたことに感謝を表したい。ジョアン・アサーノウ、ラニー・バーマン、レベッカ・ファットジンガー、ジュリー・ゴールドスタイン・グラメット、ディヴィッド・ゴールドストン、グレゴリー・ハンナ、ディヴィッド・ジョブズ、アン・クレイマー、ディヴィッド・リッツ、ニコール・ニュジェット、ディヴィッド・ラッドにとくに感謝する。これらの人々はそれぞれ章や付録を読んで、改善のための有用で建設的な意見をくださった。また、ミシガン大学精神医学部門の児童・思春期精神医学の教官諸氏にも感謝を述べたい。彼らは本書の内容を検討し、どのようにすれば情報が臨床家のもとにもっとも有効に届くかという点をとくに強調しながら、私たちのワークショップの際に有意義な意見を述べてくださった。最後に、ライアン・ヒル、アダム・ホロウィッツ、キール・オッパーマンといったきわめて経験豊富で聡明な研究助手たちの助けがなければ、本書は完成しなかったであろう。彼らは文献の総説、索引や図表の作成、編集に助力してくれた。

他にも、私たちの考え方や本書の内容についてきわめて重要な貢献をして、支持し、導き、鼓舞してくださった数多くの人々がいる。キング博士は、シンシア・フェファー博士とディヴィッド・ブレント博士に感謝する。おふたりはキング博士の専門家としての経歴の重要な段階においてまさに手本であり、研究の助言者の役割を果たしてくださるとともに、米国自殺予防学会や米国自殺予防財団では寛大で惜しみない支持を与えてくれる同僚であり友人でもある。また、自らが経験した悲惨な体験に向きあい、研究を継続し、臨床の改善に情熱的に献身してくださった、身近な人の自殺を経験してきた人々に対しても感謝する。フォスター博士は、彼女の最初の学問上の指導者であり、うつ病や自殺の危険の高い若者を援助し、その理解を深めようと働きかけてくださったジュディ・ガーバー博士、予防や介入に対して地域での働きかけや公衆衛生学的アプローチについて開眼させてくださったジョセフ・ダーラック博士に感謝したい。さらに、物質乱用および精神保健サービス局と自殺予防リソースセンターの協力を得て、若者の自殺予防に寄与する真のそして持続的な能力を高めようとして懸命に活動している全米のガーネット・リー・スミス賞受賞者たちの努力も認めたい。さらに、この一〇年間師であり続けてくださったキング博士に心からの感謝を申し上げたい。ロガルスキー博士は、研修生の頃から成長に手を貸してくださった素晴らしき指導者であるリサ・マクリーン博士に感謝したい。さらに、経歴の初期において成長と学習を促してくださったエド・コフィー博士にも感謝申し上げたい。

最後に、本書の発刊にあたって、私たちはそれぞれの人生で出会ったさまざまな人々にも感謝したい。

シェリル・A・キング――若者の自殺予防についての私の二五年以上にわたる研究生活を通じて、夫スティーヴ、娘のジャナとミシェールは私の人生の礎であり、喜びであった。ありがとう。臨床研究者、臨床家、教育者、管理者としてのさまざまな課題や締切といった慌ただしい研究生活ではあったが、私が家庭という穏やかな場所を経験できたことは幸運であった。これは、一生懸命に仕事をし、常識の価値を重んじ、絆や個人的な発達を念頭に置きながら家族を育てるということを教えてくれた両親のおかげである。

シンシア・E・フォスター――長年にわたって、無条件の愛情と励まし（そして大学教育）を授けてくれた父マルと母デイジー・イーウェル、そして、夫チャック、三人のすばらしい子どもたちチャーリー、バージニア、ジェイコブに多くの感謝を伝えたい。彼らはまさしく、日々の生活に輝きと、喜びと、意味を与えてくれた。

ケリー・M・ロガルスキー――私が熱心に学ぼうとするのを励ましてくれた夫ジョーに感謝する。私がこのプロジェクトを始めた時から、彼はすべての段階で支持を与えてくれた。彼は医学部、研修期間、給費研究員の長い期間を通じて私の傍にいてくれた。そして、今は私が仕事を続けていく際に、仕事ばかりではなく、私の情熱そのものを支えてくれている。ジョーがいてくれるおかげで、私は自分の深刻な一面と、素晴らしい記憶を作るために楽しさと自発性を加えることのバランスを保つことができている。

目次

著者らによる注意書き

本書では、自殺の危険の高い青少年のスクリーニング、評価、管理に焦点を当てているのだが、何が標準的な治療（standard of care）であるかを明らかにするのは私たちの目的ではない。本書では、このような青少年に働きかけていくうえでの有用なさまざまな情報を提示したい。それぞれの症例は独特であり、個々の臨床および危機管理の問題が複雑に関与している。このような困難な患者を治療していくには、適切な研修、経験、臨床上のスーパービジョン、コンサルテーションに勝るものはない。

十代の自殺の危険

第1章

イントロダクション

章の目的

◆本書の目的と構成を明らかにする。
◆自殺の危険の高い青少年に働きかけていくことに伴う問題点を明らかにする。
◆自殺および自傷行動の分類を提示する。
◆スクリーニング、危機評価、ケアマネジメントのためのエビデンスに基づいた系統的なアプローチの合理性を提示する。

私たちが本書をまとめたのは、読者に明確で系統的な戦略を示し、自殺行動や自殺の危険が高まった青少年に対して効果的かつ安全に働きかけていくための一連の実用的な手段を提供しようとするためである。読者が青少年を治療しているのであれば、このような自殺の危険の高い青少年の患者に対しても働きかけることになることはほぼ確実だろう。自殺未遂、自殺の意図をほのめかす電子メールや日記、自殺念慮のほのめかしといった、自殺の危険についての心配は、この年齢群では、もっとも多い精神保健の緊急事態である。

本書の目的を以下に挙げる。

- 臨床家に青少年の自殺の危険がもたらす問題点、青少年の自傷行為や自殺行動の定義、系統的で構造化された臨床的アプローチの意義について述べる。
- 青少年の自殺行動の危険因子と保護因子について最新で、エビデンスに基づき、入手可能な総説を提示する。読者の活動領域で使用可能なチェックリストやツールを解説する。
- 自殺の危険のスクリーニングに関する基本的な原則を再検討し、読者の活動領域における自殺の危険のスクリーニングについて明快なガイドラインを提示する。
- 包括的な自殺の危険評価の主要な要素について解説する。すなわち、自殺念慮や自殺衝動にとくに焦点を当てて情報を集めていく特定の戦略、自記式質問紙の活用法、青少年の患者の治療という場において評価の戦略をいかに修正するかという方法などを取り上げる。
- エビデンスに基づいた自殺の危険に関する定式化を提示する。たとえば、使用しやすいチェックリスト、危機評価の知見を統合するガイドライン、定式化を明らかにする手引きなどを総合する。

- 安全計画（危機対処計画）を提示する。青少年の患者とともにこの種の計画をどのように少しずつ立てていくかという点も解説する。
- 自殺の危険の高い青少年とその親に働きかけていくための戦略も示す。心理教育を実施する、患者と親が危機評価に協力するように働きかける、安全計画を立てる、安全をモニターする、治療計画を守るように働きかけるなどである。
- 学校生活をうまく送れるようにするためのツールや戦略を与える。すなわち、親が学校の関係者と良好な絆を築くように援助し、自殺の危険の高い青少年を援助するうえで協力的なケアができるようにする。
- 読者が法的問題を抱える危険をいかに最小限にするかを解説する。すなわち、危機に関する系統的な定式化、適切な記録、守秘義務と安全への配慮についての検討などを通じて、法的問題が生じる危険を最小限度にする。

本書の構成

スクリーニング、包括的な危機評価、危機の定式化、安全計画、青少年の患者とその親との協力関係、現在進行中の治療といった主要な戦略とツールについて読者の理解を助けるように、本書はまとめてある。本書の目的は、たとえ時間が十分にない場合でも、必要とされる時に読者が頼ることのできる実用的なガイドラインを提示することである。

各章の初めには、その章の目的がリストにまとめられていて、章のトピックスがすぐにわかるようになっている。次に、章の内容によって、重要な点を明らかにするために次のような欄が付け加えられている。すなわち、臨床上の助言を強調する注意点や、情報、会話の例、完全な臨床記録を示す各種の表である。（注：付録には、読者が複写して用いることができる未記入の臨床記録用紙を示してある。）要するに、読者が臨床の場で対面している青少年の患者の自殺の危険を減らし、人生を改善させるのに役立つと思われる、臨床的に関連のある情報とさまざまな臨床的なツールを提示している。

臨床家が直面するさまざまな問題点

高い青少年の自殺の危険

外来クリニック、精神科病院、救急部、学校などいかなる場で活動していても、青少年に働きかける仕事をしている臨床家のほとんどが自殺の危険の高い青少年に遭遇する。この年齢群の自殺念慮や自殺企図の率は驚くほど高いので、このような青少年にきわめて高率に出会う臨床家もいる。二〇一一年の若者危険行動調査（Youth Risk Behavior Survey: YRBS）の全国データによると、高校生の一五・八％が過去一年間に深刻な自殺を考え、一二・八％が自殺の計画を立てていた。さらに、高校生の七・八％が過去一年間に自殺未遂に及び、二・四％は自殺未遂の結果、外傷、中毒、過量服薬などのために、医師や看護師の治療を受けた（CDC, 2012b）。すなわち、米国の高校生五〇人に一人が毎年、自殺未遂のために治療を受けていたことになる。

活動の場や職位にもよるのだが、読者の役割は簡潔な自殺の危険のスクリーニングを行い、その青少年の患者を、より包括的な自殺の危機評価を受けられるように紹介するかもしれない。あるいは、救急部や精神科病院に勤務しているならば、読者の役割とは、スクリーニングを行い、包括的な危機評価を実施し、正式な事例の定式化を行い、治療の場や治療法について助言をすることかもしれない。自殺の危険の高い青少年に対して現在進行中の治療やケアに責任があるといった場合もあり得るだろう。本書は、自殺の危険のスクリーニングを実施するのに必要な臨床的知識とツールを提示する。すなわち、包括的な危機評価を実施する、安全計画を含めた緊急の介入計画を立てる、青少年や親（あるいは後見人）や学校の関係者と自殺の危険や危機管理に関して効果的なコミュニケーションを持つことなどである。

臨床家の緊張感はごく一般的である

自殺の危険が高い、あるいはその可能性のある青少年に対して治療を行おうとすることはさまざまな問題を生じ得る。もっとも頻繁に起きるジレンマのひとつが、臨床家が確固たるラポールを築き、協力的で、成長を目ざした、治療的なアプローチを取ろうとすることと、患者の行動をコントロールしようとし、安全に関する不安を払拭しようとすることの間で生じる緊張である。両者は相反するものというよりは、むしろ、相互に影響しあう可能性がある。訴訟の不安ばかりでなく、青少年の患者の安全や自殺の危険の可能性に対する現実的な恐怖や不安のために、臨床家が患者を自分の意のままにコントロールしようとしたり、治療戦略として入院治療を過度に強調するといったことになりかねない。自殺の危険の高い青少年のスクリーニング、評価、管理について、明確で系統的なアプローチを取らないと、臨床家は孤立感を覚え、必死になってさまざまな評価法や危機管理手法をあれこれと試みることになりかねない。本書で解説する系統的な戦略は、臨床家の不安を和らげて、適切なケアを安心して実施することができるようになると、私たちは信じている。

もうひとつのよくある問題点は、情報源が乏しいという点に関連している。包括的な治療とケアマネジメントを提供するという目標を立てたとしても、地域で入手できるサービスに限界があるかもしれない。あるいは、患者の家族が健康保険に加入していなかったり、支払い能力に限りがあるかもしれない。また、その地域では、エビデンスに基づく治療について研修を受けた精神保健の専門家や、精神科医や、児童の薬物療法が専門で、ハイリスクの青少年に薬物療法を実施し、精神科入院部門にベッドを持っている小児科医が十分な数はいないかもしれない。心理社会的治療と薬物療法を組み合わせた治療がきわめて有効な自殺の危険の高い青少年（とくにうつ病と必死に闘病している患者）がいたとしても、そのような治療はあまりにも高価で、多くの家族にとって容易に手が届かないかもしれない。さらに、このような治療を組み合わせて実施しても、思春期患者のうつ病の重症度を下げることはできるかもしれないが、自殺や自殺未遂の危険を下げることに直接関連するという十分なエビデンスはない。さらに、このような精神科治療を、親や家族の必要性に応えるような家族に対する心理教育や、地域に根差したサービスに統合していくことはさらに多くの問題を生じる可能性がある。

本書は読者が実際に実施可能なことに焦点を当てている。私たちが勧める系統的で、エビデンスに基づくアプローチによって、思春期患者をスクリーニングするための積極的で肯定的な働きかけをして、正確な知見に基づく危機評価を実施し、自殺の危険の高い青少年をケアし、親や患者や学校の関係者と効果的なコミュニケーションを持つことができるだろう。本書では、豊富な背景情報、臨床戦略に関する最新の総説、この問題に対して系統的かつ自信を持って向きあうことができるような実用的な臨床ツールの提供、他者とのコンサルテーション、必要とあれば段階的なケアについて解説していく。

分類と定義

自傷行動、自殺行動、自殺

一連の自殺念慮と自殺行動を表すのに、さまざまに異なる術語が用いられてきた。このような術語の不統一は、同じ職場で働く臨床家の間ですら認められ、青少年の患者の治療にあたる人々のコミュニケーションに混乱をもたらすことがある。これはまた私たちの領域の発展の妨げとさえなる。

幸い、標準的な術語で、統一された分類を用いることの重要性は今では広く受け入れられている。このような分類法が発表され、広く行き渡っている（O'Carroll, Berman, Maris, & Moscicki, 1996; Silverman, Berman, Sanddal, O'Carroll, & Joiner, 2007）。つい最近ＣＤＣ（疾病対策センター）は、自己に向けられた暴力に関して統一定義とデータを発表した（Crosby, Ortega, & Melanson, 2011）。それを表1-1に挙げておく。

表1-1　CDCによる自殺と自殺行動の統一定義

術語	定義
自己に向けられた暴力 (self-directed violence)	自身に外傷をもたらしたり、その危険があった、自己に対して意図的に向けられた行動。ただし、ギャンブル、物質の使用、自動車を猛スピードで運転するといった他の危険な行為は含めない。
非自殺性の自己に向けられた暴力 (nonsuicidal self-directed violence)	自身に外傷をもたらしたり、その危険があった、自己に対して意図的に向けられた行動であるが、隠れたあるいは明白な自殺の意図は認められない。
自殺性の自己に向けられた暴力 (suicidal self-directed violence)	自身に外傷をもたらしたり、その危険があった、自己に対して意図的に向けられた行動であるが、隠れたあるいは明白な自殺の意図が認められる。
未確定の自己に向けられた暴力 (undetermined self-directed violence)	自身に外傷をもたらしたり、その危険があった、自己に対して意図的に向けられた行動であるが、入手できた証拠からは、自殺の意図が明らかではない。
非自殺性自傷行為 (nonsuicidal self-injurious behavior)	外部の状況や内的な状態を変えようとして自ら意図して行ったものの、死の意図は伴わず、外傷をもたらす危険の高い行為。
他者によって妨げられた自己に向けられた暴力 (interrupted self-directed violence—by others)	自己を傷つけようとして行動を起こしたものの、死が生じる前に、他者によってそれを妨げられた行為。最初に自殺を考えた直後あるいは行為に及んだ後など、どのような時点でも、他者から止められることは起こり得る。
自己によって妨げられた自己に向けられた暴力 (interrupted self-directed violence—by self)	自己を傷つけようとして行動を起こしたものの、死が生じる前に、自身がそれを止めた行為。
準備行為を含む他の自殺行動 (other suicidal behavior, including preparatory acts)	実際に自身を傷つける行為が始まる前の、自殺企図に向けた行為や準備。方法を準備したり（㋺銃の購入）、自殺の準備をしたりする（㋺遺書を書く）など、自殺をほのめかしたり、自殺願望を抱いたりすることなどをすべて含む。
自殺未遂（suicide attempt）	その行為の結果死ぬという意図を伴う、自己に向けられた、傷害を負う可能性のある行為だが、実際に死には至らなかった行為。自殺未遂の結果、実際の外傷が生じる場合もあれば、生じない場合もある。
自殺（suicide）	何らかの死の意図を認め、自己に向けられた自傷行為の結果として生じた死。

表1-1の定義によると、自殺未遂とは、自ら起こしたものの、死には至らなかった行為であり、(1)(実際に傷害が生じたか否かにかかわらず)傷害を引き起こす可能性があり、(2)何らかの程度の死の意図を伴う。死の意図に関して青少年から何の情報も得られず(遺書があったり、青少年が自殺の意図を口にしていたりといった親からの報告などの追加の情報もない)場合には、その行為は、(意図が)未確定の自己に向けられた暴力(undetermined self-directed violence)とみなされるだろう。非自殺性自傷行為(nonsuicidal self-injurious behavior: NSSI)は、青少年にまったく死の意図を認めないことが明らかな場合には、適切な術語である。これはある種の手首自傷、自分で起こした火傷、腕や脚にイニシャルを刻むといった行為などが当てはまるかもしれない。NSSIは自殺未遂の危険と相関していることを、最近の知見が明らかにしている。自殺未遂については第2章で詳述する。

系統的危険評価とケアマネジメント・アプローチ

最善の治療――エビデンスに基づくアプローチ

本書では、エビデンスに基づく評価や介入の重要性を強調している。すなわち、これはエビデンスに基づく治療法と一般には呼ばれている。米国では、心理学、ソーシャルワーク学、医学の全国的な専門家組織がこの治療法の定義を提示している。米国心理学会(American Psychological Association: APA)は次のような定義を提唱している。「心理学におけるエビデンスに基づいた実践(evidence-based practice in psychology: EBPP）とは、患者特性、文化、優先順位を考慮し、専門の臨床について入手可能な最高の研究を統合したものである」（APA, 2006）。全米ソーシャルワーク学会も研究の役割を同様に強調し、「エビデンスに基づく実践とは、科学的研究によって効果的であると証明された介入法である」としている（NASW, 2009）。米国医師会（American Medical Association:AMA）は医師の役割について言及し、定義をさらに広げているが、それはwww.jamaevidence.comで入手可能である。すなわち、「個々の患者のケアを決定する際に、現時点における最高のエビデンスを良心に基づいて、明確に、思慮深く用いることである。エビデンスに基づく臨床実践（あるいは、エビデンスに基づく健康管理）には、系統的な研究による最高の臨床的エビデンスと入手可能な情報源を考慮したうえで、個々の医師の臨床的専門性と、患者が望むことを統合していく必要がある」（AMA, 2012）。

本書では、自殺の危険の評価とケアマネジメントに必要とされる、現在入手可能なエビデンスを提示する。自殺の危険の評価をどの程度の頻度で実施すべきかといった点についてのように、決定を下すための確固たるエビデンスがない場合もあるのだが、一種の提言をするデータは存在する（例精神科入院後には自殺の危険が高まるといった報告が増えてきている）。重症の社会心理的トラウマとともに複数の精神障害を合併していたり、特定の文化的背景や価値観を抱いていたりするといった具合に、さまざまな要因のために、読者の患者やクライアントが一般の研究対象とは同一視できないかもしれないことを理解しつつ、入手可能なエビデンスを提示する。こういった場合には、臨床的に判断して、現在のエビデンスに基づいた可能な限り最善のケアをすべきである。青少年の患者やその家族と効果的な治療同盟を築くには、コミュニケーションのスタイルに文化的な適応をする必要もあるだろう。現在入手可能なエビデンスに基づいて、このような適応や修正は可能であるのだが、それがエビデンスと矛盾したり、不一致になってしまったりしてはならない。

合意された最重要課題

いくつかの専門家団体が、自殺の危険の高い青少年や、自殺の危険の高い患者一般に働きかけていくことに関して実際的な提言をしている。米国心理学会（2003）と米国児童思春期精神医学会（2001）による実践の提言以外にも、米国厚生省（Department of Health and Human Services: DHHS）物質乱用・精神保健局（Substance Abuse and Mental Health Services Administration: SAMHSA）が主導して、自殺の危険を評価し、管理するのに必要な主要な適格性について提言している。これは、自殺予防のための全国戦略に挙げられた提言に応じたものである（U.S. DHHS, 2001）。この全国戦略は、ソーシャルワーカー、カウンセラー、臨床心理士、精神科医といった精神保健の専門家のための多くの研修プログラムでは、自殺の危険を評価し、どのように対応すべきかという点に関してほとんど触れていないし、不十分であると指摘していた。自殺予防のための全国戦略で報告されているように、これらの専門家の多くが「自殺の危険の高いクライアントについて適切な評価、治療、管理について十分な訓練を受けていない。あるいは、専門の評価や治療にどのように紹介すべきかを知らない」という（U.S. DHHS, p.79）。実際に、自殺した人の九〇％は第Ⅰ軸診断が下され（Conwell et al., 1996）、多くのクライアントは自殺に至るまでの一年間に精神保健の専門家のもとを受診していた（Luoma, Martin, & Pearson, 2002）。ルオマ（Luoma）らが実施したメタ解析によると、自殺者の約五分の一（一九％）は死の直前の一カ月間に、約三分の一（三二％）は一年以内に精神保健の専門家のもとに受診していた。

精神保健の専門家のための適切な研修が、自殺予防にとっての重要な戦略であることは明白である。米国自殺予防学会と協力して、自殺予防リソースセンターがＤＨＨＳの資金援助を得て、最重要課題について明らかにした。何人かの専門家チームがエビデンスを検討し、訓練の目的について合意を形成した。このチームのメンバーは、ラニー・バーマン、トーマス・エリス、ナディン・カスロウ、ディヴィッド・ラッド、ショーン・シー、マーシャ・リネハン、リーダ・ウォーカー、ディヴィッド・リッツ、シャン・ヤン、そして本書の著者のひとりであるシェリル・Ａ・キングであった。二四の最重要課題が定められ、そのうちの八課題がとくに重要とみなされ、「自殺の危険の評価と管理」という一日のワークショップに（Suicide Prevention Resource Center, 2008）、二四の全課題は米国自殺予防学会の「自殺の危険の評価とその対応」という二日間のワークショップとしてまとめられた。自殺の危険の高い人に働きかけるうえで不可欠な八つの主要課題を以下に挙げておく。

- 自殺に対する臨床家自身の反応を管理する。
- 自殺を予防するという臨床家の目標と、心理的苦痛を除去しようというクライアントの目標の差（そして、葛藤の可能性）について認識する。
- 協力的で非敵対的な立場を維持する。
- 自殺念慮、自殺行動、計画、意図について聞き出す。
- 短期的かつ長期的にクライアントが自殺を図ろうとしたり、既遂自殺に終わったりする危険について臨床的な判断を下す。
- 安全計画（危機対処計画）を協力して立てる。

- クライアントの緊急かつ、急性で、持続的な自殺念慮や自殺の危険に働きかけるための治療計画を書面にする。
- 積極的に妥当な対応をすることを含めて、クライアントを慎重にフォローアップするための方針や手順を策定する。

本書は、この主要課題に基づくアプローチに準じ、既存のガイドラインの提言の多くを慎重に検討し、統合しようとするものである。

結　論

本書では、自殺の危険の高い青少年に対して効果的で、エビデンスに基づいて働きかけていくうえで必要な、主要な知識、重要な課題、スキルについて解説する。とくに、エビデンスに基づくスクリーニング、危機評価と定式化、ケアマネジメントに焦点を当てる。必要な情報、現実の例、有用な臨床的ツールについて具体的に提示する。

第2章
全般的な危険因子と保護因子

章の目的

- ◆危険因子と保護因子について解説する。
- ◆以下の点について、自殺未遂と既遂自殺の危険因子を総説する。
  - ◇人口動態学的特徴
  - ◇臨床的特徴
  - ◇状況／対人特徴
- ◆自殺未遂や既遂自殺の保護因子となる可能性がある絆について考察する。

本章では、自殺に寄与する因子と自殺を予防する因子について取り上げる。すなわち危険因子（risk factor）と保護因子（protective factor）について解説することから始める。次に、青少年の自殺行動や自殺に関する危険因子や保護因子について最近のエビデンスを総説する。したがって、本章は本書の中でも研究に言及する部分がもっとも多い。こういった基礎的な知識を備えることによって、読者はスクリーニング、危機評価、そして最終的には危険の高い青少年の自殺行動を予防する際に、自信を持って決断を下すことができるようになるだろう。

これ以後の章でも、本章で解説した情報に何度も戻って、危機を正確に把握し、入院の必要性や危機対処計画を判断する際にこのような因子をどのように参考にして決定を下すべきかについて解説する。

危険因子と保護因子とは何か？

自殺の危険因子とは、自殺行動や自殺に先行し、それが現実に起きる可能性が高いことを示す特徴を指している。これは経験的なエビデンスに基づく、十分に定義された概念である（Rudd et al., 2006）。ただし、危険因子は対象となる集団によって微妙に異なることを念頭に置いておく必要がある。換言すると、若者を対象とした一群の危険因子は、高齢者の危険因子とはいささか異なるパターンを示す。さらに、危険因子に該当していた期間、最初に危険因子が当てはまった年齢（例その時に何歳であったか）、危険因子の強度など、さまざまな状況によって、危険因子がもたらす影響が異なる（Costello, Angold, Cicchetti, & Cohen, 2006）。したがって、研究のエビデンスを知っておくことは重要であるが、それだけでは十分ではない。一人ひとりの青少年を注意深く観察し、その独特な状況について深く検討する必要が常にある。

保護因子とは、自殺行動や自殺の可能性を減らす因子である。たとえば、問題解決能力の高さや周囲の人々との強い絆は、保護因子として作用することを、研究結果が明らかにしている。青少年の自殺の危険因子について多くの研究が明らかにしてきてはいるのだが、保護因子に関する情報はきわめて乏しいという点を認識しておくことが重要である。おそらくこれは、青少年の自殺行動や自殺に関する研究の多くが、その危険を増す因子を同定することに焦点を当ててきたのに対して、自殺予防や効果的な介入に関与する保護因子についてはは比較的関心が払われてこなかったことと関係しているだろう。さらに、多くの保護因子は、自殺行動や自殺とは直接関係しているようには見えず、関連性が薄いように思われるかもしれない。たとえば、安全が確保された小児期を送ったということは保護因子とみなされるが、これは身体的・性的虐待から保護され、確固たる対処能力や問題解決能力が育まれ、アルコールや薬物の乱用の可能性の低い地域に自宅があったことを示しているのかもしれない。このような保護因子は、人生の早期に生じ、その後の発達を通じて、影響が持続する。直接的に自殺から保護するというよりは、他の多くの悪影響から保護するという役割を果たしているのだろう。

危険因子をどのようにとらえるか？

危険因子には、急性と慢性の因子がある。たとえば、大うつ病や双極性障害といった精神障害のある青少年は、自殺行動の可能性を増すような危機や人生における否定的な変化（例対人関係の破綻、学校での懲戒処分）を経験するといった状況では、急性の危機にあるととらえられるだろう。急性の危機とは、比較的限られた時間続くのだが、数分間から、数時間、時には数日間続くことさえあり（Bryan & Rudd, 2006）、しばしば慢性の危険因子を満たしている人に起きる。慢性の危険因子は、長期にわたって危険が高いことを示している。衝動性の高さや物質乱用が長期間にわたって認められる青少年は、慢性の自殺の危険が高いと考えられる。自殺の危険が慢性的に高い青少年が、危機を経験し、慢性の危険因子とともに急性の危険因子に同時に該当するようになると、とくに危険度が高まることに注目すべきである。この状況を、「急性の悪化を伴う慢性的な極度の危険」と述べる専門家もいる（Bryan & Rudd, 2006）。急性の危険因子は、自殺の危険が悪化していることを示す「警戒兆候」であるとしばしば指摘されている。

静的で、修正不能、すなわち変えることができない危険因子もある。小児期の性的虐待経験などはその一例である。修正不能な危険因子が重要であるのは、ある青少年の患者が慢性的に、あるいは生涯にわたって、自殺の危険が高いことを理解する鍵となるからである。また、修正可能な危険因子もある。このような状況は変えることができて、介入の標的とすることができるかもしれない。たとえば、抑うつ気分は治療によって修正や改善が期待できる。さらに、危険因子は、直近の危険因子と長期的な危険因子ととらえることもできる。直近の危険因子は自殺と時間的に近接し、あるいは、自殺の契機として作用することさえある（Moscicki, 1995）。もっともよく認められる直近の危険因子、すなわち、思春期の自殺行動の契機となり得る二種の出来事として、対人関係の破綻や葛藤と懲戒処分がある。長期的な危険因子とは、一般には過去に起きた出来事であるが、それにもかかわらず、自殺の危険に影響を及ぼし続けている因子である。たとえば、長期的な危険因子は、三年前に起きた性的虐待であるが、最近、ボーイフレンドとの関係の破綻といった直近の危険因子を経験し、両者が相互に影響を及ぼし合っているような場合もある。

青少年の自殺と自殺行動の危険因子

本章では、包括的な危険の評価に関連する危険因子を、①人口動態学的特徴、②臨床的特徴、③状況／対人的特徴の三つの群に分けて解説する。**付録Aには、「青少年の自殺行動と自殺の危険因子チェックリスト」**という一ページの情報シートを挙げておくので、参考にしてほしい。第4章では、この危険因子に関する情報をどのようにして活用し、青少年に対してエビデンスに基づく危険評価を実施するかを示す。

表2-1　米国のティーンエイジャーの人口10万人あたりの自殺率（2002年～2009年）

	年齢						
	13	14	15	16	17	18	19
男	2.2	3.5	5.8	8.5	11.2	15.0	18.3
女	1.0	1.7	2.5	2.9	2.9	2.8	3.4

CDC（2012a）より引用

人口動態学的特徴

性別

　青少年では、女子よりも男子のほうが自殺で死亡する率が高い（CDC, 2012a）。表2-1からも明らかなように、自殺の男女比は青少年でも年齢が高くなるにつれて大きくなる。一九歳では、男子の自殺率は女子よりも五倍以上高い。

　自殺率の性差の原因は、部分的には、自殺の手段の差によるものだろう。一五～一九歳の男子では、第一位の手段は銃である。一〇～一九歳の女子と、一〇～一四歳の男子ではもっともよく用いられる自殺の手段は縊首と窒息である。歴史的にも、そして現代においても、青少年の男子が自殺を図ろうとする時には、銃のようなきわめて致死性の高い手段を用いがちである。しかし、近年では、青少年の女子において、縊首や窒息による自殺の率が増加していることに注目すべきである。その致死性を考えると、これは深刻な傾向である。一〇～一四歳の女子では、縊首や窒息による死亡率は一九九〇年には人口一〇万人あたり〇・一五であったのが、二〇〇九年には〇・七二となった。一五～一九歳の女子では、同期間には、〇・五五から一・八六に上昇した。思春期の患者が以前にも自殺を

表2-2　米国における人口動態学的な危険因子のまとめ

年齢	十代後半や若年成人は、十代前半の人よりは自殺率が高い。
	それとは対照的に、自殺未遂は、十代半ばに比べて、十代後半や若年成人ではより低い。
性	男子は女子よりも自殺率が高い。
	女子は男子よりも自殺未遂率が高い。
人種	思春期のアメリカ先住民とアラスカ先住民は自殺や自殺未遂の率が高い。
	黒人の青少年は、白人やヒスパニック系に比べて、自殺率が低い。

CDC（2012a）より引用

図ったことがあるならば、危険評価と定式化のために、自殺未遂に用いられた手段について検討することが重要である。

表2-2に示したように、自殺未遂の率は、既遂自殺の性差とは異なるパターンを示す。女子は男子よりも高率に自殺未遂に及ぶ。青少年では、男子（五・八％）に比べて、女子（九・八％）は自殺未遂の率が一・五〜二倍高い（CDC, 2012a）。

年齢

小児期、思春期と年齢が高くなるとともに、自殺率も上昇していく。実際に、九歳以下では自殺はきわめて稀であり、この年代の自殺率は毎年、小児一〇万人あたり一をはるかに下回っている（CDC, 2012a）。一〇〜一四歳では、自殺率はわずかに上昇し（人口一〇万人あたり一・一七）、事故と癌に次ぐ第三位の死因となっている。

自殺率がもっとも上昇したのはティーンエイジャーであった。米国では一五〜一九歳の年齢群では自殺率が二〇〇九年には人口一〇万人あたり七・四七であったが、それは事故死や殺人に次いでいた。一四歳から自殺は第二位の死因となり、その後も、一七歳までは第二位の死因であり続け、殺人の率のみが自殺率を上回っていた（CDC, 2012a）。

思春期における自殺未遂率は、自殺率と同じような明白なパターンを示していない。若者危険行動調査（Youth Risk Behavior Surveillance）では、二〇一一年の高校生の自殺未遂の自己報告を検証している。九年生[*2]（九・三％）、一〇年生（八・二％）、一一年生（六・六％）の自殺未遂率は、一二年生（六・三％）よりも高かった。十代後半から若年成人では自殺率が上がるのだが、この年代では自殺未遂率が徐々に下がってくる。思春期から若年成人にかけての率の差のパターンを表2-2に示した。これは、自殺の危険の高い青少年を早期に同定して、介入を始めることの重要性を示している。

人種

一五～一九歳では、自殺率は人種によって異なる。もっとも顕著な知見のひとつが、アメリカ先住民とアラスカ先住民の自殺率である。この群の青少年の自殺率は、ヒスパニック系以外の白人の自殺率よりも二・三倍以上も高い（それぞれ、人口一〇万人あたり二〇・七対八・九）。他の人種の自殺率は、白人（人口一〇万人あたり八・四）、アジア・太平洋系（五・九）、ヒスパニック系（六・三）、黒人（四・四）である（CDC, 2012a）。

自殺未遂は人種によってやや異なる。自殺率と同様に、アメリカ先住民の青少年の自殺未遂率が最高である（表2-2参照）。しかし、ヒスパニック系が次に高い率を示し、それに黒人、白人、アジア・太平洋系の青少年が続く。

＊2――
九年生とは、日本では中学三年生に相当する。一〇年生は高校一年生。

人口動態学的な危険因子は、青少年の自殺予防に関する大規模な公衆衛生学的アプローチを実施する場合にとくに重要である。というのも、限られた資源の最大の部分をどこに割り当てたらよいかの基準となるからである。ただし、個々の青少年に働きかけていく際に、大規模な人口から得られた知見を過度に解釈しないように注意を払うべきである。実際に、集団としての米国の未成年女子、とくに黒人の未成年女子の自殺率は比較的低いのだが、個々の黒人の未成年女子がきわめて自殺の危険が高い可能性があるので、真剣に向き合って、慎重に評価する必要がある。臨床家は、人口動態学的危険因子を包括的な危機評価の一環の情報としてとらえるべきである（第4章で詳述）。

臨床上の注意点

1　既遂自殺と自殺未遂は、すべての人種の、すべての未成年で起きる。
2　臨床の場では、自殺の危険を評価する際に、個々の臨床的・家族的（対人的）危険因子を、人口動態的危険因子よりも重視して、判断する。
3　大規模な公衆衛生学的戦略を立てる際には、人口動態学的危険因子が、自殺の危険の高いサブグループを同定するのに役立つ。

臨床的特徴

個人の臨床的特徴と分類される危険因子は、青少年の特徴（例自殺未遂歴、精神症状、精神状態）や最近の精神科病院からの退院などが含まれる。これを表2-3にまとめておく。さらに、第4章と**付録E「青少年の自殺の危険評価ワークシート」**で、この情報を収集するための構造化した面接法を示す。

表2-3　個人の臨床的危険因子

自殺未遂歴
複数回の自殺未遂歴は自殺の危険の高さに関連する
自殺願望と意図
精神障害
うつ病、双極性障害
アルコール／薬物乱用
素行障害／破壊性行為障害
心的外傷後ストレス障害（PTSD）
その他（不安障害、摂食障害、統合失調症）
その他の行動や特徴
非自殺性自傷
パーソナリティ障害の特徴
B群（演技性、感情的）
C群（不安、恐怖）
絶望的
衝動的
攻撃的／過去に暴力行為
睡眠障害
学習障害や学習困難
精神科病院からの退院

自殺未遂歴

自殺を予測するもっとも重要な因子が、自殺未遂歴である。青少年の自殺者の約四〇%は過去に自殺未遂に及んだことがある（Brent, Kolko, Wartella, & Boylan, 1993; Brent, Perper, Moritz, Allman, et al., 1993; Shaffer, Gould, Fisher, & Trautman, 1996）。抑うつ症状を考慮したとしても、自殺未遂歴がもっとも重要な予測因子である（Lewinsohn, Rohde, & Seeley, 1994）。過去の自殺未遂の回数が増すほど、自殺の危険は高まる。過去に複数回の自殺未遂に及んだ青少年は、これまでに自殺未遂を認めないか、一回だけであった青少年と比較して、今後も自殺企図に及ぶ率が二倍高い（Goldston et al., 1999）。

自殺念慮と自殺の意図

自殺念慮は思春期の人にはしばしば認められる。第1章で述べたように、高校生の一五・八%がこの一年間に自殺を図ることを深刻に考え、一二%がどのようにして自殺を図るか計画を立てたと、全国調査が明らかにしている（CDC, 2012b）。自殺念慮、その頻度、重症度はすべて、後の自殺企図を予測する。たとえば、大規模な地域研究によると、未成年の自殺未遂者の八八%が、自殺未遂に先立って、自殺念慮を抱いていた（Lewinsohn, Rohde, & Seeley, 1996）。中等度であまり頻度の高くない自殺念慮は、その後の一年間に生じた自殺企図とは二・八%しか関連していなかったのだが、より重症で頻繁な自殺念慮は、その後の自殺企図の一六・七%と関連していた（Lewinsohn et al., 1996）。この統計が意味する重要な点とは、たとえ中等度で頻繁ではない自殺念慮も、その後の自殺企図の危険を示唆しているのだから、深刻に受け止めるべきであるということである。

非自殺性自傷

非自殺性自傷（nonsuicidal self-injury: NSSI）とは、「自殺の意図を認めず、社会的な制裁を加えられない目的で、自己の身体を意図的に傷つけること」である（Klonsky, 2007）。ごく一般的に認められるNSSIとしては、皮膚を切ったり、浅く傷つけたりする、火傷、叩く、ぶつけるなどである。こういった行為は意図的に行われ、思春期早期に始まり、高校生の一五％〜二五％に認められる（Muehlenkamp & Gutierrez, 2004, 2007）。臨床の場においては、より多くの思春期患者がNSSIを呈しているのは、とくに驚くべきことではないだろう。このような思春期患者は、内在化障害、外在化障害、パーソナリティ障害、アルコール／物質使用障害といった、さまざまな障害の診断に該当する（Nock, Joiner, Gordon, Lloyd-Richardson, & Prinstein, 2006）。

NSSIと自殺未遂のそれぞれの機能を識別することができる。NSSIの機能とは、感情（とくに強烈で否定的な感情）をコントロールし、統御することであるのに対して、自殺未遂の機能とは、気分の改善というよりは、自己の人生を改善しようする試みととらえることができる。クロンスキー（Klonsky, 2007）が述べているように、NSSIは否定的な感情や興奮を減らし、救済を経験することに関連していると多くのエビデンスが明らかにしている。経験的に支持されているNSSIの他の機能としては、他者からの支持、自罰、他者への影響、自己への関心を集めることなどである。

NSSIは自殺行動の危険が高まっていることを示唆しており、実際のところ、NSSIと自殺未遂行動はしばしば同時に生じる。ある地域調査では、NSSIを呈していた青少年の約五〇％が少なくとも一回の自殺未遂歴を認めた（Muehlenkamp & Gutierrez, 2007）。青少年の精神科入院患者においては、七〇％に少なくとも一回の自殺未遂歴があり、五五％には複数回の自殺未遂を認めた（Nock et al.,

2006)。さらに、うつ病の思春期患者では、ＮＳＳＩは、自殺未遂歴よりも、将来の自殺企図を有意に予測していた（Asarnow et al., 2011; Wilkinson, Kelvin, Roberts, Dubicka, & Goodyer, 2011）。

ＮＳＳＩを呈する青少年では、自殺企図の危険が高まっている指標として、人生に対する否定的な態度（Muehlenkamp & Gutierrez, 2004）、自尊感情の低さ、深刻な自殺念慮が認められる（Brausch & Gutierrez, 2010）。他の危険因子には、ＮＳＳＩの慢性の病歴、ＮＳＳＩにさまざまな方法を用いることなどがある。これらの知見からは、すべての自傷行為についてさらに検討し、自殺念慮が存在するかという点について包括的な危険評価を行う必要があることが強調されている。

精神障害／精神症状

精神障害は、青少年の自殺にもっともよく認められる危険因子のひとつである。心理学的剖検（psychological autopsy）研究によると、自殺した青少年の約九〇％には死亡時に少なくとも一つの精神障害が認められ（Brent, Perper, Moritz, Allman, et al., 1993; Marttunen, Aro, Henriksson, & Lonnqvist, 1991; Shaffer, Gould, Fisher, & Trautman, 1996; Shafii, Stelz-Lenarsky, Derrick, & Beckner, 1988）、多くの患者は複数の精神障害に罹患していたことが明らかになった（Shaffer et al., 1996; Shafii et al., 1988）。

複数の精神障害のある十代後半の患者と、精神障害の発病が早かった青少年の患者はとくに危険が高い。たとえば、精神障害と物質乱用が合併すると、十代前半と後半の患者の双方にとって、自殺の危険は高まる（Brent, Baugher, Bridge, Chen, & Chiappetta, 1999）。

うつ病性障害（depressive disorder）　うつ病性障害は、自殺行動（Beautrais, Joyce, Mulder, & Fergusson,

1996）、反復する自殺未遂（Goldston et al., 1998）、既遂自殺（Brent, Perper, Moritz, Allman, et al., 1993; Goldstone et al., 1999; Shaffer et al., 1996）の確固たる危険因子とみなされてきた。青少年の自殺者の約五〇～六〇％には、気分障害が認められた（Marttunen et al., 1991; Shaffer et al., 1996）。さらに、自殺念慮は大うつ病性障害（major depressive disorder: MDD）の思春期患者にしばしば認める症状である。ある縦断的な調査で、ＭＤＤの患者の七二％が三年間のフォローアップ期間中に自殺念慮や自殺行動を呈したと、マイヤーズら（Myers, McCauley, Calderon, & Treder, 1991）が報告している。

双極性障害（bipolar disorder: BP）　ＢＰは、自殺行動や自殺の危険が高まることと関連している。いくつかの研究からこの知見を支持するエビデンスが増えてきている。ＢＰの思春期の精神科入院患者五四名を前方向視的に追跡調査した研究では、二〇％の患者が重症で、身体的に深刻な自殺未遂に及んだ（Strober, Schmidt-Lackner, Freeman, & Bower, 1995）。さらに長期にわたる追跡調査では、ＢＰで入院していた思春期患者の二五％が自殺した（Welner, Welner, & Fishman, 1979）。ＤＳＭ-ⅣのＢＰ（ＢＰＩ、ＢＰＩＩまたはＢＰＮＯＳ）の診断基準に該当する小児と思春期の患者四〇五名についての臨床研究では、患者のうちの三二％が少なくとも一度の自殺未遂を認めたとゴールドスタインらは報告している（Goldstein, 2005）。この研究では、自殺未遂を予測する重要な因子が複数挙げられている。すなわち、混合病像、精神科入院歴、パニック障害である。さらに、自殺した思春期患者に関する症例対比研究では、ＢＰは自殺の危険の高さと関連しているという（Brent et al., 1988; Brent, Perper, Moritz, Allman, et al., 1993）。

アルコールや薬物乱用　アルコールや薬物乱用は自殺の危険を有意に高める（Brent, Perper, Moritz, Allman, et al., 1993; Marttunen et al., 1991; Shafii et al., 1988）。これは、脱抑制と適応機能の問題が生じるためだろう。自殺した青少年の五一％が最後の行動に及ぶ前に飲酒をしていて、その多くが中毒状態にあり、アルコールの使用が自殺行動に対する直近の危険因子であったと、マルツネンらが報告している（Martunenn, 1991）。

物質使用が物質乱用へと増悪していくにつれて、自殺行動の危険が高まっていく。研究は、アルコール、大麻、その他の物質に焦点を当ててきた（Beautrais, Joyce, & Mulder, 1996; Groves, Stanley, & Sher, 2007）。アルコール依存症の青少年男子の自殺未遂の率は一五倍、女子では三倍であると研究結果は推定している（Esposito-Smythers & Spirito, 2004）。物質使用障害に感情障害が合併すると、その危険はさらに高まる（Brent, Perper, Moritz, Allman, et al., 1993; Wagner, Cole, & Schwartzman, 1996）。

思春期の健康に関する全国縦断的研究のデータを用いて、アルコールや物質の使用、複数の性的パートナー、薬物や金銭を得るための性行為、違法薬物の静脈内投与といった青少年の危険な行為と、うつ病、自殺念慮、自殺未遂歴の関係について検討されてきた（Add Health: Hallfors et al., 2004）。この全国調査では、複数の危険な一群の行為と、自殺念慮や自殺未遂歴は関連があった。しかし、マリファナや他の違法薬物の使用を含めて、「違法で危険な群」はとくに自殺未遂との関連が強かった。最近、一九九九年から二〇〇七年までの若者危険行動調査の全国五部局のデータを検証し、過去一年間に医学的な治療を受けなければならないほどの自殺未遂に及んだ一三九五名の青少年について、ペナらが調査した（Pena, Mathieu, Zayas, Maysn, & Caine, 2012）。その結果、物質乱用と暴力行為の重症度が増すと、自殺未遂が繰り返される可能性が高まったことを研究者たちは明らかにした。

物質乱用と他の危険な行為は、自殺未遂の危険と明らかに相関していた。

素行障害（conduct disorder）、**破壊的行動障害**（disruptive behavior disorder）、**衝動統御問題**（impulse control problem）　素行障害を含めて、破壊的行動障害も、思春期の自殺の危険因子である。思春期の自殺者の二〇～五〇％には、一般に、気分障害、不安障害、物質乱用障害が合併している（Brent, Perper, Moritz, Allman, et al., 1993; Marttunen et al., 1991; Shaffer et al., 1996）。気分障害を認めない場合でも、素行障害は危険因子である（Brent, Perper, Moritz, Allman, et al., 1993）。素行障害と反社会性障害を認めると、自殺未遂の危険も高まる（Beautrais, Joyce, et al., 1996）。

衝動統御の問題はしばしば破壊的行動障害の指標であり、自殺の危険を高める衝動性の症状であるのだろう。数多くの臨床研究において、衝動性が自殺行動と関連していることが明らかにされてきた（Horesh, Gothelf, Ofek, Weizman, & Apter, 1999; Kashden, Fremouw, Callhan, & Franzen, 1993）。

心的外傷後ストレス障害（posttraumatic stress disorder: PTSD）**と他の不安障害**　ＰＴＳＤと思春期の自殺未遂には強い相関関係が認められる（Giaconia, Reinherz, Silverman, & Pakiz, 1995）。一四歳から二四歳までの思春期と若年成人三〇二一名を対象とした調査では、ＰＴＳＤに罹患している者は、他の不安障害、うつ病、物質使用、摂食障害と比較して、自殺未遂の危険が高かった（Wunderlich, Bronisch, & Wittchen, 1998）。トラウマを経験し、ＰＴＳＤを発病した若年成人は、トラウマを経験したもののＰＴＳＤを発症しなかった人に比べて、高率に自殺未遂に及んだ（Wilcox, Storr, & Breslau, 2009）。この関連はトラウマのタイプ（例戦闘トラウマ、性的虐待、自然災害）とは関係なく一定であった（Panagioti,

Gooding, & Tarrier, 2009)。

他のタイプの不安と自殺の危険の関係についてのエビデンスは一貫していない。広い意味での不安が、思春期の自殺未遂の危険の高さと関連するという研究もある（Gould et al., 1998; Wunderlich et al., 1998）一方で、合併するうつ病性障害を考慮すると、自殺の危険の高い思春期患者が不安障害の診断に高率に該当することはないという研究もある。自殺した思春期患者の病歴に不安障害を認めたとしても、このような障害は一般的に感情障害に合併したものであるというのだ（Brent, Perper, Moritz, Allman, et al., 1993）。このように知見は一致していないのだが（Andrews & Lewinsohn, 1992; Gould et al., 1998; Pilowski, Wu, & Anthony, 1999）、少なくともひとつの研究（Pilowsky et al., 1999）ではパニック発作を認める青少年は、そうでない青少年に比べて、自殺未遂の危険は二倍も高いと報告している。

摂食障害（**eating disorder**）**とボディ・イメージ障害**（**body image disorder**）　極端な体重管理を行う青少年は、そうでない人に比べて、自殺未遂の危険が高い（Neumark-Sztainer, Story, Dixon, & Murray, 1998）。同様に、ボディ・イメージ障害も自殺未遂に関連している。ノースカロライナ州東部の中学生を対象とした地域調査では、自分を肥満だと考えている女子は自殺未遂に及ぶ率が高かった。同じ調査で、男子は自分を肥満あるいは痩せと考えている人に自殺未遂率が高かった（Whetstone, Morrissey, & Cummings, 2007）。

統合失調症（**schizophrenia**）　統合失調症は思春期では比較的稀であるので、この年代の自殺ではそれほど多くの割合を占めてはない。しかし、統合失調症の初期は症状の悪化が顕著であり、この疾患

（とくに初期）に罹患している若年成人の自殺率が高いという報告もある（Palmer, Pankratz, & Bostwick, 2005）。統合失調症で自殺した九二例に関してフィンランドで実施された心理学的剖検研究では、ヘイラら（Heila et al., 1997）は統合失調症の自殺率は七％と報告している。被験者の平均年齢は四〇歳であったが、研究の対象となった人々の年齢は一六歳から七七歳に及んだ。

顕著になり始めるパーソナリティ障害の特徴

パーソナリティ障害は一八歳以下の小児や思春期では一般に診断されない（American Psychiatric Association, 2000）。しかし、臨床では、思春期患者にパーソナリティ障害の特徴を認めることは稀ではない。実際に、パーソナリティ障害の初期兆候と思春期の自殺の関連性を支持するいくつかの研究がある（Brent, Johnson, et al., 1993; Brent, Johnson, et al., 1994; Newcorn, Kaplan, & Mizruchi, 1988）。自殺した青少年のパーソナリティ障害の率は約三〇％である（Marttunen et al., 1991; Shafii et al., 1988）。B群（演技的、感情的で、風変わりな点が特徴の障害）とC群（不安と恐怖に満ちた障害）のパーソナリティの特徴が自殺した青少年にもっとも多く認められる第II軸障害であると報告されている（Brent, Johnson, et al., 1993）。

絶望感

絶望感（将来に対する否定的な予測）がしばしば抑うつ症状やうつ病と合併してくる。しかし、絶望感それ自体だけでも自殺の危険に関連するのかもしれない。地域研究（Mazza & Reynolds, 1998）においても臨床（Reinecke, DuBois, & Schultz, 2001）においても、絶望感は、自殺念慮、自殺の意図、自殺未遂と関連している。絶望感は将来の自殺未遂にも関連している（Goldston et al., 2001）。したがって、絶望感を評価することは、自殺の危険を慎重に定式化するうえで重要な要素である。絶望感の評価がとくに重要であるのは、それが修正可能な危険因子であるからだ。認知療法的アプローチの多くは、思春期の否定的で、非適応的な思考パターンを修正するように工夫されている。絶望感に働きかけ、とくに治療による効果の可能性を強調することは、青少年の患者を治療に参加させるようにする重要な第一歩となる。

学習障害と学習の困難

自殺未遂や既遂自殺と、学習障害や対処されずに放置された学習上の問題が関連していることを、最近の研究が明らかにしてきた（Bender, Rosenkrans, & Crane, 1999; Daniel et al., 2006）。とくに、落第したり、勉強についていけないと考えていたりする生徒は自殺の危険が高い。こういった生徒は注意や学習の問題について対応されていないことが多く、その結果、自信を失い、気分の問題を抱えているのかもしれない。このような生徒が安定している時に、徹底的な心理教育的・神経心理学的評価を受けることは有用であり、その結果、将来に向けた、より適切な教育的介入ができるかもしれない。

睡眠障害

夜更かしして、就寝時間が遅いといった具合に、青少年では不規則な睡眠パターンはめずらしくないことが知られていて、かなり多くの青少年が睡眠不足や日中の眠気に悩まされている（McKnight-Eily et al., 2011）。青少年は不眠などの睡眠障害にとくに脆弱であるというエビデンスもある（Roane & Taylor, 2008）。青少年では睡眠障害が自殺念慮や自殺未遂と関連しているというエビデンスが増えてきている

（Liu, 2004; Roane & Taylor, 2008）。たとえば、米国の思春期の健康に関する全国縦断的研究のデータを用いて、青少年の九・四％が不眠の症状を呈していると、ローン（Roane）らは報告した。このような症状は、アルコールや物質の乱用、うつ病、自殺念慮、自殺未遂と関連していた。同様に、マクナイト・アイリーら（McKnight-Eily et al., 2011）は、睡眠不足（睡眠時間が学校のある日の夜に八時間以下）と、喫煙、物質乱用、喧嘩、不活発、深刻な自殺念慮といった健康の危険が関連していることを明らかにした。これらの研究者たちは、睡眠不足と、深刻な自殺念慮といった複数の健康を脅かす行為が関連していると報告した。さらに、ゴールドスタインら（Goldstein, Bridge, & Brent, 2008）は、自殺した青少年一四〇例と対照群の青少年の睡眠障害について検討した。うつ病の重症度を除外しても、自殺した青少年は死の直前の一週間に不眠に悩んでいた率は五倍も高かった。

精神科病院からの退院

青少年の自殺企図の危険が高まる時期というのは、精神科病棟で入院治療を受けて、退院した直後である。青少年の自殺企図の一〇〜一八％は精神科病院からの退院直後に起きることを示す研究がある（Brent, Kolko, et al., 1993; King, Segal, Kaminski, & Naylor, 1995）。さらに、五年間の追跡調査では、退院後最初の一年間がもっとも危険が高く、全対象の一二％が自殺未遂に及んだ（その中には自殺未遂歴のない七・八％の青少年も含まれていた）（Goldston et al., 1999）。

家族と対人的特徴

家族と対人的な危険因子には、家族の特徴、青少年の対人関係のあり方、他者との相互関係などが含まれる。これらの因子には、親の自殺、仲間からのサポートの不足、虐待やいじめの経験、性的アイデンティティの混乱などもある。

家族の精神科既往歴

自殺行動を呈する家族がいる場合には、青少年の自殺行動や自殺の危険が高い。具体的には、青少年自身の精神科的診断を考慮したうえでも、青少年の自殺の危険は、母親が自殺している場合には五倍、父親が自殺している場合には二倍高い（Agerbo, Nordentoft, & Mortensen, 2002）。自殺の危険は家庭環境とは独立した、何らかの遺伝的要素があることを示唆する双生児研究がある（Heath et al., 2002; McGuffin, Marusic, & Farmer, 2001）。

家族の精神障害も青少年の自殺行動に影響を及ぼす可能性がある。反社会性パーソナリティ障害（Brent et al., 1988; Pfeffer, Normandin, & Kakuma, 1994）、物質使用障害（Pfeffer et al., 1994）、感情障害（Brent et al., 1988; Brent, Perper, Moritz, & Liotus, 1994）の人が第一親等にいる場合には、青少年の自殺行動の危険を高める。親の精神症状はさまざまな方法で青少年に影響を及ぼす。たとえば、親と同じ精神障害が生物学的・遺伝学的危険を高める、親の障害の二次的影響で子どもの養育に支障をきたす、親の精神保健上の問題のために二次的に環境ストレッサーが強まるなどいくつもの要因が挙げられる。

性的虐待

性的虐待が青少年の男女ともに自殺の危険を増すことを複数の研究が報告している。性的虐待を経験した青少年は、そうでない青少年に比べて、自殺未遂の率が高い（二四%対五%）ことを全米対象の調査が明らかにしている（Martin, Bergen, Richardson, Roeger, & Allison, 2004）。さらに気がかりな点としては、虐待歴のある青少年の多くが複数回の自殺未遂に及んでいることである（Belik, Cox, Stein, Asmundson, & Sareen, 2007; Martin et al., 2004; Sigfusdottir, Asgeirsdottir, Gudjonsson, & Sigurdsson, 2008）。

身体的虐待とネグレクト

身体的虐待とネグレクトは、自殺（Brent, Perper, Moritz, & Baugher, 1993b; Shafii, Carrigan, Whittinghill, & Derrick, 1985）および自殺行動（Borowsky, Resnick, Ireland, & Blum, 1999; Grossman, Milligan, & Deyo, 1991; Salzinger, Ng-Mak, Rosario, & Feldman, 2007）の双方に関連する。この関連は密接であり、人種を問わず認められる（King & Merchant, 2008）。身体的虐待と切り離して、ネグレクトを取り上げた研究はほとんどない。しかし、青少年を対象とした大規模な地域調査において、ネグレクトだけでも、身体的虐待や性的虐待よりも、高い自殺の危険（自殺に関連する危険な行為）を予測できると、アラータらが明らかにした（Arata, Langhinrichsen-Rohling, Bowers, & O'Brien, 2007）。

いじめ

いじめが自殺念慮や自殺企図の危険を増すことを多くの研究が明らかにしてきた（Baldry & Winkel, 2003; Delfabbro et al., 2006; Liang, Flisher, & Lombard, 2007; Park, Schepp, Jang, & Koo, 2006; Toros, Bilgin,

Sasmaz, Bugdayci, & Camdeviren, 2004）。ラッセルら（Russel & Joyner, 2001）は米国の思春期の健康に関する全国縦断的研究の大規模データを検証した。性的志向、絶望感、うつ病、アルコール乱用、自殺念慮や自殺行動の既往歴を考慮したうえで、いじめられた経験のある青少年には自殺念慮や自殺企図が高率に認められた。同様に、自殺未遂後に入院となった青少年を対象とした研究では、いじめが二二％に認められたことをデイヴィーズら（Davies & Cunningham, 1999）が明らかにした。要するに、いじめは自殺念慮や自殺企図を予測する重要な因子であることを示す研究が増えてきている。

いくつもの国で実施された研究でも同様の知見が報告されている。ローマの学校の生徒九九八名を対象とした研究では、直接的ないじめ（身体的、心理的、言葉によるいじめ）も対人関係上のいじめ（仲間外れ、悪意のある噂を広める）も自殺念慮と関連していたことを、ボールドリーら（Baldry & Winkel, 2003）は明らかにした。親からの身体的暴力、両親間の家庭内の暴力、人口動態学的因子などを考慮しても、対人関係上のいじめのみが自殺念慮を予測するとボールドリーらは指摘している。このような知見が強調しているのは、仲間外れや絆の喪失が危険因子であるという点である。

興味深いことに、いじめは自殺や自殺行動の危険だけを高めたわけではなかった（Klomek, Marrocco, Kleinman, Schonfeld, & Gould, 2007; Roland, 2002）。いじめは、自殺に関連した他の結果の危険も高めていたことが明らかにされた。一四歳から一六歳の青少年を対象としたフィンランドの研究では、いじめた子もいじめられた子もうつ病や自殺念慮の危険が高まっていた。さらに、いじめた子はいじめられた子と同様に抑うつ的であり、うつ病を考慮したとしても、自殺念慮の率はいじめた子のほうが高かった（Kaltiala-Heino, Rimpela, Marttunen, Rimpela, & Rantanen, 1999）。

仲間との関係

いじめたり、いじめられたりすること以外にも、青少年の自殺の危険を判定するうえで仲間との関係の質が重要である（King & Merchant, 2008）。たとえば、ジョンソンら（Johnson et al., 2002）は、ニューヨーク州北部の六五九家族について縦断的研究を実施した。年齢、性別、精神症状、親の精神症状を考慮しても、自殺未遂の危険に関連したさまざまな対人関係上の問題が明らかになった。たとえば、友達を作るのが難しい、仲間に対する冷酷な態度、心を開くことをしばしば拒む、仲間としばしば喧嘩や口論をする、引きこもり、親友がいない、友人や仲間との関係が乏しいなどである。仲間から拒絶されていると感じたり、友人からのサポートが乏しいと感じていたりすることは、青少年の自殺念慮の高さと関連していた（Prinstein, Boergers, Spirito, Little, & Grapentine, 2000）。

家族の特徴

青少年の自殺行動の危険因子には、家族の精神障害の既往歴以外にも、家族の愛着、家族から得られていると感じているサポート、親子のコミュニケーション、親子の葛藤などがある（King & Merchant, 2008）。

家族からのサポートの不足と青少年の自殺念慮や自殺企図の間に関連があることを地域研究が明らかにしてきた（Dubow, Kausch, Blum, Reed, & Bush, 1989; Perkins & Hartless, 2002）。さらに、うつ病の青少年に関する前方向視的地域研究では、家族からのサポートが乏しいことは、成人女性の自殺企図を予測するという（Lewinsohn, Rohde, Seeley, & Baldwin, 2001）。同様に、親との愛着が乏しいことは、自殺企図と関連し（Fergusson, Woodward, & Horwood, 2000）、家族との葛藤や不仲が強く（Asarnow, Carlson, &

Guthrie, 1987; Pfeffer, Klerman, Hurt, & Kakuma, 1993)、家族からのサポートが十分に得られないと感じている（Lewinsohn et al., 1994; O'Donnell, Stueve, Wardlaw, & O'Donnell, 2003）青少年は自殺未遂に及ぶ危険が高い。さらに、自殺した青少年は親とのコミュニケーションが乏しく、満足度も低かった（Gould, Fisher, Parides, Flory, & Shaffer, 1996）。

ある臨床研究では、うつ病で入院している自殺の危険の高い青少年の患者は、気分障害で入院中であるが自殺の危険がない青少年の患者に比べて、家族からのサポートが乏しいと述べている（King, Segal, Naylor, & Evans, 1993）。さらに、家族からのサポートが乏しいと述べている自殺の危険の高い青少年は、精神科入院後の六カ月以内に自殺を図る率が高いことを、研究結果が明らかにしている（King et al., 1995）。青少年がサポートや絆をどの程度得られているかと主観的に認識していることは、客観的なサポートの程度よりも、気分や機能をより的確に予測する因子となるだろう。たとえば、家族の機能に満足していることは、青少年のうつ病の予後をもっとも的確に予測する指標であると、カムジールら（Cumsille & Epstein, 1994）は明らかにした。これは、周囲との絆を主観的にどのようにとらえているかを判断するのがいかに重要であるかを示唆している。

家族がしばしば転居する青少年は、自殺率が高いかもしれない。ブレントら（Brent & Perper, 1994）は、この問題に焦点を当てて、自殺した青少年は、人口動態学的に一致させた対照群と比較して、頻繁に転居していた。他の興味深い知見とは、頻回の転居は女子により強い影響を及ぼし、転居して一年以内の自殺未遂の率が約六〇％高かった。同じ研究で、男子には転居と自殺企図の間の関連は認められなかった（Haynie, South, & Bose, 2006）。問題行動があったり、友人がいなかったりといった、第三の因子に注目することも重要であり、これは頻繁に転居したことよりも、自殺行動の危険を増していることに関与していたのかもしれない。

性的志向とアイデンティティ

自分のことをＬＧＢＴ、すなわち、女性同性愛者（lesbian）、男性同性愛者（gay）、両性愛者（bisexual）、性別越境者（transgender）とみなしている青少年の自殺行動や自殺企図の率が高いと報告されている。ＬＧＢＴの若者の約三〇％が少なくとも一度は自殺未遂に及んだことがある（D'Augelli, Hershberger, & Pilkington, 2001; Garofalo, Wolf, Wissow, Woods, & Goodman, 1999; Remafedi, French, Story, Resnick, & Blum, 1998）。これらの研究のうちで、約半数が自殺未遂と性的志向の間に関連があると報告している（D'Augelli et al., 2001）。ＬＧＢＴの自殺未遂率は、女子に比べて男子で高い。ＬＧＢＴに関連した自殺未遂の要因として、若年で自分の性的志向を意識した、小児期に親から性的志向が一般的ではないとみなされた、一般とは異なる性的志向を親から修正するように働きかけられたことなどがある（D'Augelli et al., 2005）。一六歳から二〇歳のＬＧＢＴの若者を対象とした特定の危険因子に関する最近の縦断的研究では、自殺未遂歴、衝動的行動、ＬＧＢＴのために受けたいじめ、社会的サポートの乏しさなどが、自殺念慮と強く関連していた（Liu & Mustanski, 2012）。

状況因子

他者の自殺の経験

連鎖的に起きる自殺を伝染ととらえることがある。さまざまな国々で、他者の自殺を経験することによって、青少年の自殺が増えることが報告されている（Brent, Kerr, Goldstein, & Bozigar, 1989; Gould, Wallenstein, & Kleinman, 1990）。この現象は主として思春期や若年成人で起きて、より高齢では稀であると考えられている（Gould et al., 1990）。他者の自殺の経験には、友人や同級生、そして、マスメディアを通じて自殺について知ることも含まれる。メディア報道の影響の大きさは、その量、時期、期間によって異なる（Gould, Hendin, & Mann, 2001）。メディアによる安全な自殺報道のガイドラインは、自殺予防リソースセンターで入手できる（www.sprc.org）。

自殺企図の手段の得やすさ（致死的な手段）

統計によると、米国で自殺した十代後半の男子がもっとも多く使用する手段は銃である。自殺した青少年（一五～一九歳）男子の四五・四%が、女子の一九・九%が銃を用いた（CDC, 2012a）。多くの自殺企図は衝動的に生じるので、自殺企図に用いられる手段（とくに銃のように致死性の高い手段）が容易に手に入ることは、自殺の危険を高めることになる。全国暴力死報告制度についての予備調査によると、自殺企図に用いられた銃の八二%は親か家族の誰かが所有していた。自殺企図に使われた銃の三分の二は施錠せずに保管されていて、その他の場合でも、自殺を図った青少年が鍵を見つけたり、暗証番号を知ったり、保管庫を破壊していたという（Suicide Prevention Resource Center, 2002）。銃のような致死性の高い手段を手に入れにくくすると、一般人口の自殺率が下がることは、さまざまな研究から明らかである（Mann et al., 2005）。

家族、対人、状況の危険因子

- 精神障害や自殺の家族歴
- 身体的、性的虐待
- 問題の多い仲間との関係、社会の中に溶け込めない
- 家族からのサポート、愛着、コミュニケーションが乏しい
- 女性同性愛者、男性同性愛者、両性愛者、性別越境者（ＬＧＢＴ）
- 他者の自殺の経験
- 自殺企図の手段が手に入りやすい

青少年の自殺と自殺行動の保護因子

保護因子とは、自殺行動の率の低さに関連する特徴である。このような因子の多くは、心理的健康や幸福感の一部を示していて、他の一連の不健康や否定的な心理的結果から保護する役割を果たす。保護因子についての研究が限られていて、保護する因子を示すことが難しいため、保護因子に関する経験的なエビデンスはごく限定されたものである。

他者との絆

他の人々との絆は、自殺行動、自殺、そして、他の関連するさまざまな危険因子から保護する働きをするだろう（King & Merchant, 2008）。青少年は、家族や仲間からのサポートの有無によって影響を受ける。たとえば、すでに述べたように、家族からのサポートが乏しいことが、後に女性の自殺未遂を予測する一方で、同世代の仲間からのサポートの乏しさは、男性の自殺未遂を予測できることをレウィンソーンら（Lewinsohn et al., 2001）は明らかにした。家族からのサポートがあると述べる若者は、自殺行動に及ぶ危険が低い（McKeown et al., 1998; Resnick et al., 1997; Rubenstein, Halton, Kasten, Rubin, & Stechler, 1998; Rubenstein, Heeren, Housman, Rubin, & Stechler, 1989）。さらに、他者との絆は、適応的機能や青少年の競争力を増すことを示すエビデンスもある。たとえば、家族からのサポートが高いことは、青少年の物質使用と反比例し（Wills & Cleary, 1996）、社会的サポートが乏しいことは、うつ病、行為上の問題、アルコールや物質の問題と関連する（Kerr, Preuss, & King, 2006; Mazza & Reynolds, 1998; Prinstein, Nock, Spirito, & Grapentine, 2001）。社会的なサポートが乏しいことは、適応の問題（East, Hess, & Lerner, 1987）、対人回避（La Greca & Lopez, 1998）、孤独（Mahon, Yarcheski, Yarcheski, Cannella, & Hanks, 2006）、非行、いじめ、内在化・外在化行動（Scolte, van Lieshout, & van Aken, 2001）と関連する。それとは対照的に、社会的な競争力や受容は、肯定的な相互交流（Bierman & McCauley, 1987）や良好な適応（Peters, 1988）と関連している。

決断能力や問題解決能力といった、良好な対人スキルは、青少年を自殺から保護する（Jessor, 1991; Rudd et al., 1996）。しかし、この点を支持している研究は、自殺の危険の高い青少年の対人スキルを改善することに焦点を当てているに過ぎない。これらの研究は、このような青少年の自殺行動の率を下げることを示している（LaFromboise & Howard-Pitney, 1995; Thompson, Eggert, & Herting, 2000; Thompson, Eggert, Randell, & Pike, 2001）。臨床家として、自殺の危険の高い青少年に対する危機対応と治療計画を立てる際には、これらの点を念頭に置いておく必要がある。自殺の危険の高い青少年の家族、学校、地域におけるサポートと絆を強めるとともに、彼らの問題解決能力を改善するように働きかけていく必要がある。

結論

本章では、青少年の自殺行動の危険を示すことが経験的に示されてきた、人口動態学的、臨床的、家族や対人的危険因子を解説し、それとともに青少年を危険から保護する因子についても取り上げた。このような知識を基に、以下の章では、いかにして個々の青少年の自殺の危険をスクリーニングし、正式にその危険を評価するかを解説していく。

第3章

スクリーニング

どのようにして自殺の危険を認識するか

章の目的

- ◆ 自殺の危険のスクリーニングについて基本原則を解説する。
- ◆ エビデンスに基づくスクリーニングの手段と技法について情報を提供する。
- ◆ 以下のような状況で自殺の危険をスクリーニングするガイドラインを示す。
  - ◇ 精神保健の現場
  - ◇ 医療の現場：救急部やプライマリケア
  - ◇ 学校

前章では、青少年の自殺や自殺行動に関して最近のエビデンスに基づいた危険因子について総説した。この知識を活用して、次の段階として、自殺の危険の高い青少年を同定する。本章では、自殺の危険のスクリーニングに関する基本原則を総説し、どのようにしてスクリーニングの方針を立てるかについての情報を提供する。精神科外来クリニック、救急部、学校における一般的なガイドラインについて取り上げる。最後に、広く用いられている、エビデンスに基づいた面接や自記式の青少年用の自殺の危険のスクリーニング・ツールに関する情報を読者と共有したい。この種のツールに関する情報に容易くアクセスできるように表もいくつか挙げておく。

スクリーニングには、個々の青少年に自殺行動や自殺の危険が高まっているかという点を判断するための情報を収集することから始まる。これは、包括的危険評価が必要であるかどうかを決定する第一歩である。自殺予防では、「スクリーニングの戦略は、自殺の危険の高い青少年とは、その危険が十分に認識されていないのだが、実際にはしばしば治療可能な精神疾患に罹患していて、同定可能な危険因子を呈しているという明らかな前提に立っている」(Gould et al., 2005, p.1635)。本章では、個人のレベルでのスクリーニングに焦点を当てる。もちろん、予防のためのスクリーニングはグループや地域のレベルで行われることも十分承知している(National Research Council and Institute of Medicine of the National Academies, 2009)。

自殺の危険のスクリーニングと包括的自殺危険評価とを識別することが重要である。自殺の危険のスクリーニングの目的は、青少年に自殺行動の危険が高まっているかについて幅広く同定する(大きく篩《ふるい》にかける)ことである。したがって、この種のスクリーニングは一般に簡潔であり、青少年だけから情報を集める、自殺に関連した質問も数は多くない。精神科医療の場でスクリーニングが実施される場合には、スクリーニングで陽性と判断された青少年に対して、より包括的な自殺の危険評価が実施される。学校でスクリーニングが実施される場合には、スクリーニング結果が陽性とされた生徒は、精神保健の専門家に紹介されて、より包括的な自殺の危険評価が行われる。この評価において、自殺の危険因子や保護因子に関して踏み込んだ情報を得て、高まっている危険の性質や重症度を定式化し、次の段階や今後の治療計画を立てる（第4章に詳述）。

臨床的、公衆衛生学的に、自殺の危険のスクリーニングを実施することに関しては、近年になって全国的な関心を集めるようになってきた。実際、いくつもの政策文書に自殺予防戦略としてスクリーニングが正式に推奨されるようになってきた。精神保健に関する新自由委員会は、「約束の履行――米国における精神科治療の改善」（Achieving the Promise: Transforming Mental Health Care in America）と題する報告書を発表した（New Freedom Commission on Mental Health, 2003）。この報告書には米国の若者の精神保健を改善するためのスクリーニングの役割を支持するいくつかの提案が掲げられている。このような提言は、米国公衆衛生長官による自殺予防のための行動要請（U.S. Public Health Service, 1999）や自殺予防のための国家戦略（U.S. DHHS, 2001）などといった、自殺に関連する特定の障害についてのスクリーニングを支持する先行の政策文書と一致している。二〇〇四年に成立したギャレット・リー・スミス記念法案も、若者に焦点を当てた状況や機関におけるスクリーニング戦略の実施を強く勧めている。この種の政策提言は、自殺の危険因子のスクリーニングが、公衆衛生レベルにおける若者の自殺予防戦略として有効であることを確信している。

スクリーニングの基本原則

スクリーニング戦略が奏功するには次の三種の重要な特徴を備えていなければならない。スクリーニングは、(1) 短時間で実施できて、わかりやすい、(2) エビデンスに基づいている(信頼性と妥当性が確立している)、(3) コミュニケーション、記録、フォローアップの計画が含まれている。本章では、精神科クリニック、救急部、学校といった特定の状況などの、さまざまな場で活動している臨床家に情報を提供する。専門の精神保健や救急部において、自殺の危険についてスクリーニングを行う臨床家は、包括的危機評価や定式化の責任をしばしば負うことだろう(第4章参照)。学校では、スクリーニングの手順として、一般には、スクリーニングの結果、陽性と判定された青少年のフォローアップや包括的危険評価のために専門の精神科クリニックに紹介する計画も含まれるだろう。

自殺の危険のスクリーニングの基本原則

- 実施に時間がかからず、わかりやすい。
- エビデンスに基づいている(信頼性と妥当性)。
- コミュニケーション、記録、フォローアップについて計画してある。

すべての状況で実施可能なスクリーニング戦略はどれもこれらの三つの特徴を満たしていなければならないのだが、自記式の質問紙か面接によるスクリーニングを実施するのか、個別のスクリーニングかグループ（教室）のスクリーニングを実施するのかによって、わずかに異なる。本章では、これらのスクリーニング戦略のタイプをそれぞれ解説していく。

さらに、自殺の危険が高まっていることを積極的に、エビデンスに基づいて、正式にスクリーニングするのと、非公式的なスクリーニングの差について理解しておくことも可能である。正式なスクリーニングが本章の主題であるが、非公式的なスクリーニングもまた重要であり、医療、学校、青少年を対象とするいかなるサービス部門においてもルーチンとして実施すべきである。

非公式なスクリーニングとは、私たち（親、同級生、専門家）のすべてが「注意深く、一生懸命に耳を傾けることによって」青少年の自殺の危険が高まっていることを示す信号に気づくことである。自殺を考えている青少年はしばしばその気持ちを誰かに伝えていて、それは多くの場合、同世代の仲間である（Kalafat & Elias, 1992）。非公式な情報源としては、青少年が仲間に話したり、電子メール、フェイスブック、ツイッターなどを通じて伝えたりするメッセージかもしれない。詩、歌詞、小説、殴り書きなどを通じて悩みを伝えようとするかもしれない。時には、自殺を考えている青少年が、一見ぶっきらぼうな感じで、「もう問題なんかない」などと微妙な言い方をするかもしれないし、死の願望や死んだらどのようになるかといった漠然とした考えを口にするかもしれない。こういったことを教師や医療の専門家に告げるかもしれない。あるいは、自分の親、同級生、友人の親といった他者に告げるかもしれない。青少年の治療に当たる専門家として、私たちは一般の人々が「ゲートキーパー」として、青少年が発している警戒兆候に注意を払うことの重要性に気づくように教育する役割を果たすことができる。非公式的なスクリーニングでは、共感的で、批判を交えない態度で青少年に質問するのだが、危険の可能性を示すサインに気づいたら、自殺を考えていないかと、ためらわずに、直接的に質問すべきである。後に、第4章と**付録D「自殺念慮についてすべき質問」**で、この種の質問をする際の手引きと助言を解説する。

実施に時間がかからず、簡単

効果的で、正式なスクリーニング法というのは、実施に時間がかからず、簡単であり、外来クリニック、救急部、学校などでルーチンの手順として使えるものでなければならない。自殺の危険の高い青少年を発見して、介入することは重要であるのだが、ほとんどの青少年には自殺の危険が高まっているわけではないことも念頭に置いておくことが重要である。さらに、デートでの暴力、アルコールや違法薬物の使用、性的奔逸といったさまざまな領域における「ハイリスク」をスクリーニングしなければならないので、入手可能な時間と資源を常に使って、自殺の危険のスクリーニングがかならずしも常にできるわけでもない。そこで、できるかぎり実施可能であることを保証するために、スクリーニングの手順は数分間しかかからないことが理想的であり、それでなくても仕事の負担が大きい精神保健の専門家や教師の負担をさらに実質的に増してしまうことがあってはならない。

自殺のスクリーニングの成否を左右する決定的な要素として、スクリーニングの面接でどのような質問をして、どのようなツールを用いるかの選択が需要である。(以下で述べる)エビデンスに基づいていることに加えて、選択されたツールは実施や解釈が簡便なものであるべきだ。もしも面接のツールを用いるのであれば、精神保健の専門家や学校のカウンセラーがその使用に習熟していて、これまでにもよく使ったことがあり、自殺をスクリーニングするための質問をするのに習熟していなければならない。自記式の質問紙を使う場合には、それは比較的単純かつ直接的で、生徒によって読解力がさまざまであっても、意味ある回答ができるものでなければならない。

エビデンスに基づいている（心理検査の特性が強い）

スクリーニングの質問とツールは、心理検査という意味で妥当なものである必要がある。表3-1に、自殺の危険のスクリーニング法が備えておくべき重要な心理検査的特性をまとめてある。信頼性の高いツールとは、要素（この場合は、自殺の危険の指標）を測定し、複数の面接者間で結果が一致し（評価者間信頼性）、項目間で一貫し（内的一貫性）、時間が経過しても結果が一致する（試験再試験信頼性）必要がある。時間が経過しても結果に一貫性があることが重要であるのは、実際の自殺の危険が同一で留まる場合である。妥当なツールは、それが測定しようとするものを適切に測定できるツールである。表面的妥当性とは、質問が自殺の危険に重要な何かを測定しているように見えることを意味する。併存的妥当性とは、青少年のスクリーニング結果が、他の、一般的なものより広範囲に及び、すでに妥当性が定まった結果や、自殺の危険に関連した面接に関連していることを意味する。スクリーニングの予測妥当性とは、自殺未遂や既遂自殺などの、自殺に関連する結果を予測する能力について言及している。もしもこれらの要素が十分に強ければ、これらの心理検査的な特徴によって、スクリーニング結果を意味ある方法で解釈できる。当然、スクリーニング結果が陽性であるというのは、その青少

表3-1　スクリーニングの心理検査的特徴

信頼性	
	スクリーニング結果が一貫している • 面接者間で • スクリーニング項目間で
妥当性	
	スクリーニングの知見が自殺行動や自殺の危険にとって意味ある情報をとらえている
感受性	
	自殺行動の危険が高い青少年が、スクリーニングで陽性の結果となる
特異性	
	自殺行動や自殺の危険の高くない青少年が、スクリーニングで陰性の結果となる

年の自殺の危険が高いことを意味している。

有用な他の心理検査的特徴として考慮すべき点として、感受性と特異性がある。感受性の高いツールとは、自殺行動や自殺の危険が実際に高い青少年のほとんどすべてを正確に同定する。感受性が高ければ高いほど、スクリーニングのツールは危険の高い青少年の同定に失敗することはない。一方、特異性の高いツールは、自殺の危険が実際には高くない青少年を危険が高いと同定することはない。

ツールの感受性と特異性には、その利用しやすさと倫理的・法的義務という視点から、いくつかの重要な意味がある。感受性が高いが特異性が高くないテストは、高率に偽陽性の結果を生じる。たとえば、抑うつ症状、アルコールの誤用、希死念慮などを訴えるすべての青少年を陽性とするようなスクリーニング法は、多くの（おそらくあまりにも多くの）青少年に自殺の危険が高まっていると判断することになってしまうだろう。このような特徴のためにスクリーニングの実施が難しくなる。というのも、陽性と判断された青少年のすべてをフォローアップするのにはあまりにも多くの時間が必要となるからである。しかし、そういったツールのほうが好ましいという意見もあるだろう。その理由は、自殺予防という視点からは、実際に自傷の危険が高い青少年を見落とす可能性よりは、偽陽性の価値を重く見て、「広く網を投げる」ほうが倫理的・法的には望ましいというのだ。感受性と特異性の件を秤《はかり》にかけ、読者が活動する領域で実施可能で優先的なものは何かを考えて、どのようなツールを選択するかを決める。

コミュニケーション、記録、フォローアップの計画

スクリーニングを実施する前に、読者が活動している場の責任者はコミュニケーション、記録、フォローアップについて、包括的な方針を立てておくことが重要である。危機管理や医療記録の専門家の提言に沿って、この方針を立てることができれば理想的である（Baerger, 2001）。スクリーニングで陽性と判定された一人ひとりの青少年を時機を逸することなくフォローアップすることが肝心である。自殺行動の危険についてスクリーニングを実施したら、陽性のスクリーニング情報を、青少年に責任を持つ他の重要な人々と共有する義務がある。たとえば、親、医療や精神保健の治療チームのメンバー、学校の専門家などであり、その範囲はスクリーニングがどのような状況で実施されたかによる。

スクリーニングが救急部、プライマリケア、学校などの状況で実施されると、その後、青少年がさらに包括的危険評価と治療のためにどこか他に紹介されることになるかもしれない。どのようなスクリーニングを実施するにしても、その前に、読者が所属する機関は明らかな手順を定めておいて、青少年をどのように他の機関に紹介し、フォローアップを進め、危険の高い青少年が次のレベルの治療を受けられるようにしておかなければならない。倫理的・危機管理的な目的のために、学校、プライ

生徒氏名	スクリーニングで陽性と判定された日	フォローアップ日	親に告知した日	紹介／提言	治療の利用を評価するためのフォローアップ日
ジェイン・ドウ	2012年10月1日	2012年10月1日 スクリーニングを補助した、地域臨床心理士による	2012年10月1日 学校ソーシャルワーカーのスミス先生による	精神保健と物質使用について包括的な評価	2012年10月5日 スミス先生による。親から予定している予約日について連絡あり。

マリケア、救急部は、フォローアップや記録の方法を以下のように定めておくことが勧められる。（1）スクリーニングで陽性と判定された生徒の氏名、（2）その場でのフォローアップが実施されたか、それはいつか？（3）親や他の専門家への告知、（4）治療の提言（例 精神保健の評価や治療、物質使用に対する治療、救急部へただちに受診）、（5）紹介された機関によるサービスを利用しているか連絡を取って確認する（親が予約をしたならば、その予約を守っているだろうか）。上に**付録B「学校におけるスクリーニング・フォローアップシート」**に部分的に記入した一例を上に挙げておく。

フォローアップシートは厳重に保管し、秘密を守る。包括的な危険評価を実施することができる精神保健の医療の現場でスクリーニングが実施されるのならば、この危険評価はただちに実施されるべきである。多くの調査項目（例 摂食障害、物質使用、性的虐待）が含まれた完全な診断的面接といった初期評価の一環として、スクリーニングが行われることはよくある。スクリーニングの結果として自殺の危険が陽性と判定されたら、それはただちに包括的自殺危険評価を行うべきであることを示している。しかし、スクリーニングの結果が陽性であったとしても、自殺の危険評価に経験豊富な臨床家や、包括的危険評価のための時間が十分にある臨床家に紹介されるということもあるだろう。このような場合には、他の臨床家に紹介したことを記録しておき、それが確実に実行されているかその後も適切に確認すべきである。

スクリーニングがプライマリケアや救急部といった場で実施される場合、入手した情報は診療録とともに保管する。自殺の危険のスクリーニング結果が陽性であるならば、その青少年がその場を離れる前に、包括的危険評価が受けられるように連絡を取り、フォローアップすることが勧められる。学校では、スクリーニング陽性の情報はしばしば、ケースマネジメントやフォローアップに責任のある、指定された学校の精神保健の専門家のもとに保管されている。

最近、物質乱用・精神保健医療庁が教訓ワーキンググループ（Lessons Learned Working Group: LLWG）を招集した。そのグループにはさまざまな公的・私的機関のメンバー（例自殺予防リソースセンター、疾病対策センター（CDC）、米国自殺予防財団）や、若者の自殺予防の専門家、さらにギャレット・リー・スミス記念法から財政援助を受けて米国全土でスクリーニングを実施している人々が含まれた。LLWGは、若者の自殺予防スクリーニングの実施を考えている機関に向けて、一連の提言をまとめた。そのガイドラインは自殺予防リソースセンターで入手できる（www.sprc.org; 2012）

まとめると、エビデンスに基づいたスクリーニング戦略を立てようとするならば、以下の点について十分に考慮してほしい。（1）簡便に実施できて、使いやすい。（2）エビデンスに基づいている。スクリーニング・ツールに心理検査としての特徴もある。（3）専門家としての、そして活動の現場の倫理的・法的責任に合致するような、コミュニケーション、記録、フォローアップ（必要ならば紹介も含む）の計画を立てる。

面接と自記式のスクリーニング戦略

面接

精神保健の場での自殺の危険のスクリーニングは、面接という形をとり、対面して行われることがほとんどである。このような面接を実施するには、自殺の危険のスクリーニングとしては、ひとつの質問ではけっして十分ではないということを肝に銘じておくことが重要である。「あなたは自殺について考えたことがありますか？」といった質問に対して、青少年が「そんなことはない」などと答えるかもしれないが、後になって、以前に自殺の計画を立てていたことを詳しく話すようなことがある。自殺の危険のスクリーニングには、少なくとも三つの質問をしなければならない。そして、その質問では、かならず自殺について触れ、さらに、現在の自殺念慮や、これまでの人生で自殺を図ったことがあるかについて尋ねる。私たちにとって関心があるのは、包括的危険評価を実施する必要があるのか、そして、心理的苦痛と自殺未遂や既遂自殺の危険を減らすための介入を行う必要があるのかを決定することである。

なぜ、自殺念慮や自殺未遂歴に焦点を当てて、複数の質問をするアプローチが必要なのだろうか？大規模な地域調査で、強い自殺念慮を持つ青少年の一六・七％がその年のある時に自殺未遂に及んでいたことをレヴィンソーンら（Lewinsohn et al., 1996）は明らかにした。自殺未遂や急性の自殺の危険のために入院した青少年の一〇～一八％が入院後六カ月以内に自殺未遂を繰り返したという他の報告もある（Brent, Kolko, et al., 1993; King, Hovey, Brand, & Wilson, 1997）。自殺未遂歴は、将来の自殺企図の可能性を高め、自殺した青少年の三〇～五〇％には以前に自殺未遂を認めた（Marttunen, Aro, & Lonnqvist, 1992; Shaffer, 1996）。したがって、青少年の自殺念慮の重症度と自殺未遂歴について確認しておくことが重要である。

コロンビア自殺重症度評価尺度（Columbia Suicide Severity Rating Scale: C-SSRS）は、自殺念慮と自殺行動のタイプと重症度を評価するための半構造化臨床面接である（Posner et al., 2001; Posner, Oquendo,

面接によって自殺の危険度を評価するスクリーニング

すべきこと	すべきでないこと
• 面接の早期にスクリーニングを行う	• 面接の最後になって、ようやくスクリーニングをする
• 落ち着いた、協力的な雰囲気を保つ	• 自殺願望や衝動について話されると、過度に反応する
• 自殺願望や自殺未遂歴について率直に質問する	• 自殺について触れることをすべて拒否する
• 複数の質問をする	• たったひとつの質問しかしない

Gould, Stanley, & Davies, 2007)。これは、実際の自殺企図、妨げられた自殺企図、死に至らなかった自殺企図、自殺企図への準備行動を慎重に鑑別し、明白な定義を与える。どの程度これらの分類が危険の定式化や臨床的な意思決定に役立つ情報を提供できるか、現在進行中の研究が明らかにすることだろう。行動の分類だけでなく、C-SSRSでは重症度（単なる希死念慮から計画された手段を手にした自殺の意図まで）と強度（頻度、持続、自己統御、抑止、理由）も評価する。C-SSRSには、収束性・予測性の妥当性を含めて、青少年に向けた効果的な心理検査的特性もあることを研究結果は示している（King, Gipson, Agarwala, & Opperman, 2011; Posner et al., 2011）。

自殺について質問してよい

安全性とか「ベッドサイドマナー」といった話題に何らかの関心を向けるだけの価値はある。地域ではしばしば、精神保健の専門家の間では少数ではあるものの、かなりの数の人々が次のような心配を口にする。自殺念慮や自殺未遂について質問すると、そういった考えを青少年の頭に植え付けてしまい、自殺の可能性をあれこれ考えるようにさせてしまうのではないかという心配である。幸い、これに反証するエビデンスがある。自殺についての質問が生徒の自殺念慮に及ぼす影響についてグールドら（Gould et al., 2005）が経験的な研究を実施したが、生徒には否定的な影響は認められなかった。自殺の危険のスクリーニングが慎重かつ治療的な雰囲気の下で実施されるならば、それが否定的な影響を及ぼすのではないかと心配する根拠はない。むしろ、スクリーニングの質問によって、青少年は自分がある程度の期間必死になって闘い続けてきた悩みを他者と共有する機会と安全な場を与えられることになる。

どのようにして自殺について質問するか

自殺についての質問をもっとも効果的にするうえでの手引きについては、ごく限られた経験的なエビデンスしかない。自殺念慮、自殺未遂歴、それと同等かそれ以上に重要な事柄に関する既往歴について質問するためのもっとも感受性に富んだ方法や、もっとも妥当な反応を引き出すアプローチとは何だろうか？　この点に関してはさらに研究が進むのを待たなければならないのだが、今のところは、青少年の患者との間に良好な治療同盟を築き、重要ではあるのだが躊躇するような情報を打ち明けるように働きかけていくスキルを巧みに用いて、前に進んでいくことにしよう。

臨床上の注意点

次のように質問することができる。「私はあなたのことが心配です。自ら命を絶とうなどと考えたことがあるでしょうか（または、自殺を考えたことがあるでしょうか）？」あるいは、「あなたの今の苦しみや学校で最近落胆したことを見ると、私はあなたが自殺について考えているのではないかと心配になります」

重要な点は、質問することである。「私はあなたのことが心配です。あなたはこれまでに命を絶とう（自殺しよう）としたことがありますか？」などと質問する。あるいは、「あなたの今の苦しみや学校で最近落胆したことを見ていると、私はあなたが自殺について考えているのではないかと心配になります」などと話しかけることができる。後者は「恥辱感を減らす」一例であり、ショーン・シア（Shawn Shea）がこの術語を用いた。シアは自殺の危険の高い人に対する面接について多くの論文を発表した（Shea, 1998a, 1998b）。青少年が必死になって努力してきたことに対して、青少年の立場に立って、共感的な言葉で慎重に話しかけていく。シアはまた「正常化」についても述べていて、「臨床的なうつ病にかかっていて、このようなトラウマを経験している青少年の多くが、自殺について考えるものです。あなたは自殺について考えたりしませんか？」などといった具合にスクリーニングの質問をする。このように話しかけることは、必死になって闘っていたり、自殺念慮を抱いていたりするのがその青少年だけではないことを示唆している。この言葉は、臨床家がこれまでにも自殺の危険の高い青少年の治療に当たった経験があることも示唆している。

もっとも広く用いられている自殺のスクリーニングや危険評価のツールは、まずどちらかというと希死念慮について幅広い質問をすることから始めていく。（自殺の危険が高い症例を同定するためには）どのような順で質問していくのがもっとも効果的かという点について経験的なエビデンスはないのだが、このやり方が臨床的には円滑に進んでいき、デリケートな領域について青少年に質問していくうえで、一般的に抵抗を和らげるものであると考えられる。

表3-2に、青少年の自殺願望と自殺行動の評価のために広く用いられている面接法についての情報を挙げてある。小児や思春期の人のための主要な診断面接で用いられる一連の質問を挙げてある。まず、希死念慮についての質問から始めている。C-SSRSから一例を次に挙げる（Posner et al., 2008）。「あなたは死んでしまいたいとか、眠ったまま、目が覚めないでほしいとか考えたことがありますか？」。同様に、小児のための診断的面接法（DISC-IV; Shaffer, Fisher, Lucas, Hilsenroth, & Segal, 2004）も、

表3-2　青少年の自殺念慮と自殺行動の評価のために広く用いられている面接法

ツール	質問の例
小児と学童のための気分障害と統合失調症についての面接法：現在と生涯版（KSADS-PL ; Kaufman et al., 1997）	子どもがうろたえたり、気分が沈むと、死んでしまいたいとか、自分が死んだ方が皆は幸せだと感じることがあります。あなたはこのように考えたことがありますか？　それはいつでしたか？　あなたは今、そのように感じていますか？　そのように感じたことがありましたか？ 子どもがうろたえたり、気分が悪いと、死んでしまいたいとか、自殺したいと考えることがあります。あなたはそのように考えたことがありますか？　どのような方法を取ろうと思いますか？　あなたには具体的な計画がありましたか？
コロンビア自殺重症度評価尺度（C-SSRS, Posner et al., 2009）	あなたは死んでしまいたいとか、眠ったまま、目が覚めないでほしいとか考えたことがありますか？ 実際に自殺を考えたことがありますか？ どうすれば自殺できるか考えたことがありますか？ 自殺について考えたり、その計画を行動に移そうとしたことがありますか？ どのようにすれば自殺できるか具体的な行動を起こしたことがありますか？　この計画を実行に移すつもりはありますか？
小児のための診断的面接法（若者対象）（DISC-IV ; Shaffer et al., 2004）	この1年間に（あるいはある期間）、死、亡くなった人、自分が死ぬことについてしばしば考えたことがありますか？［この後、特定の質問をしていく］ この1年間に（あるいはある期間）、あなたは自殺を深刻に考えたことがありますか？ a. あなたはこの1年間、しばしば自殺について考えましたか？ b. この1年間、自殺の計画を立てたことがありましたか？ c.［悲しい、気分が沈んだ、何も楽しくない、不機嫌だ］と感じた時に、自殺についてしばしば考えましたか？
精神症候群の小児面接法（ChIPS ; Rooney, Fristad, Weller, & Weller, 1999）	あなたが［＿＿＿＿＿＿＿＿＿＿＿＿＿］と感じた時に、 a. 死んでしまいたいと思いましたか？ b. 人生は生きる意味がないと思いましたか？ c. 自殺について考えたことがありますか？　もしも答えが「はい」ならば、質問する。 d. どのようにして自殺するか考えたことがありますか？　もしも答えが「はい」ならば、何をしようとしましたか？ e. これまでに自殺しようとしたことがありますか？

「昨年一年間に（あるいはある期間）、死、亡くなった人、自分が死ぬことについてしばしば考えたことがありますか？」という質問から始まっている。最初の質問に続いて、自殺念慮についてより特定の質問をしていく。たとえば、ＤＩＳＣ-Ⅳでは、「この一年間に（あるいはある期間）、あなたは自殺を深刻に考えたことがありますか？」という質問をしている。小児と学童のための気分障害と統合失調症についての面接法（現在と生涯版）（KSADS-PL; Kaufman, Birmaher, Brent, & Rao, 1997）は最初の質問の次に、「子どもがうろたえたり、気分が悪いと、死んでしまいたいとか、自殺したいと考えることがありますか。あなたはそのように考えたことがありますか？」と質問を続けていく。

自記式質問紙によるスクリーニング

自記式のスクリーニングは、多くの場において最初に使われるスクリーニング法として、そして、精神保健における臨床面接の補助として、いくつかの利点がある。質問項目は標準化されていることが多く、心理検査的な特徴も含まれている。さらに、実施にはごく短時間しかかからない。デリケートな話題に関する情報を得るには、コンピュータ化された自己回答の評価法がとくに有用である（Hamann, Larkin, Brown, Schwann, & George, 2007; Tourangeau & Yan, 2007; Turner et al., 1998）。

自殺念慮質問紙（青少年版）

自殺念慮質問紙（青少年版）（Suicidal Ideation Questionnaire-Junior : SIQ-JR; Reynolds, 1988）は理解しやすい、自記式のスクリーニング法で、当初は学校で使用するために開発された。一五項目からなり、青少年が一～三分間で回答できる。ＳＩＱ-ＪＲは大規模な標準化サンプルに対して、クロンバックのα信頼性係数〇・九四という良好な内的信頼性一貫性を示す。高校生を対象とした群に四週間の試験・再試験信頼性（〇・七二）を示し、きわめて構成概念妥当性が高く、ＳＩＱ-ＪＲとうつ病や絶望感との間に有意な相関を認めた（Reynolds, 1988）。さらに、ＳＩＱ-ＪＲは入院後の六カ月間の期間における自殺念慮と自殺企図について予測妥当性のエビデンスを示した（Huth-Bocks, Kern, Ivey, Kramer, & King, 2007; King, Hovey, Brand, & Ghaziuddin, 1997）。高校生を対象としたより長いＳＩＱ-ＪＲも開発されたが、ＳＩＱ-ＪＲは青少年のあらゆる年齢に有効であった。

自殺行動や自殺の危険の高さをスクリーニングするうえでＳＩＱ-ＪＲの欠点とはどのようなものだろうか？　すべてを回答するのに一～三分間しかかからないが、一五項目というのはスクリーニング・ツールとしては長すぎるという議論がある。さらに、ＳＩＱ-ＪＲは自殺念慮だけについて質問しているが、自殺念慮が結果的に自殺行動の予測因子となるのは、男子よりも女子で顕著である（King, Jiang, Czyz, & Kerr, 2012; Lewinsohn et al., 2001）。したがって、ＳＩＱ-ＪＲは臨床的なスクリーニング・ツールとしては、とくに男子ではある種の限界がある。

ベック自殺念慮尺度

ベック自殺念慮尺度（Beck Scale for Suicide Ideation：Beck & Steer, 1991）は二一項目からなる自記式尺度である。初めの一九項目は、個人の自殺念慮、自殺への態度や計画の重症度を測定する。最後の二項目は、これまでの自殺未遂の回数や、最近の自殺未遂に関連する死の意図のレベルを評価する（Beck & Steer, 1991）。この尺度は、自殺企図の計画や準備について評価する点が重要である。ただし、これ

表3-3　州と地域の若者危険行動調査：自殺企図や自殺念慮を評価する質問（CDC, 2011）

指示：以下の5つの質問は、抑うつ気分と自殺企図について尋ねています。人は時には将来に悲観するあまりに自殺を図ろうとする、すなわち、自分の命を絶とうとする何らかの行動に及ぶかもしれません。	
質問	**答え**
あなたはこの12カ月間、**連続して2週間以上**、あまりにも気分が落ちこんだり、絶望的になって、いつもの行動を止めたことがありますか？	はい　　いいえ
あなたはこの12カ月間、**真剣に**自殺を図ろうと考えたことがありますか？	はい　　いいえ
あなたはこの12カ月間、自殺を図ろうと計画したことがありますか？	はい　　いいえ
あなたはこの12カ月間、何回実際に自殺を図ろうとしましたか？	なし、1回、2回、3回、4回、5回、6回以上
もしもあなたがこの12カ月間に**自殺を図ったことがあるならば**、その結果、実際に傷を負ったり、中毒になったり、過量服薬となり、医師や看護師から治療を受けましたか？	**私は**この12カ月間、**自殺を図ろうとしたことはない** はい いいえ

は青少年よりは、むしろ成人を対象として用いられる。しかし、この尺度は、青少年の入院患者の自殺念慮の研究において、強力な心理検査的特性と依存的妥当性を示した。内的一貫性がきわめて高く、その評点は、ベックうつ病尺度やベック絶望感尺度と有意な相関を示した。また自殺未遂歴とも関連していた。青少年についてベック自殺念慮尺度の予測妥当性に関しては、さらなる研究が必要である。

若者危険行動調査

若者危険行動調査（Youth Risk Behavior Survey: YRBS; CDC, 2011）は、さまざまな若者の危険行動の率を調べるためにしばしば実施されてきた全国調査である。YRBSは、悲哀感や絶望感、深刻な自殺念慮、自殺企図の計画の存在、実際の自殺企図とその致死性について評価する五つの質問からなる（表3-3）。したがって、これらの質問自体が、自殺念慮、自殺の意図、自殺行動のスクリーニングとなり得る。青少年の自殺念慮や自殺行動の率について私たちが得ている全国データの多くはＹＲＢＳによるものである。

さまざまな危険因子を評価する自記式の調査

自殺念慮と自殺未遂歴だけが青少年の自殺の危険因子ではないので、他のさまざまな危険因子を評価するスクリーニング戦略もある。たとえば、包括的なスクリーニングツールを実施したり、あるいは、いくつかの短いスクリーニングツールを組み合わせる方法である。

ティーンスクリーン・プログラム（TeenScreen Program）は、一般的健康についての質問紙に、うつ病、不安、物質乱用、自殺念慮、自殺行動の評価を付け加えたものである。「はい、いいえ」で答える項目もあれば、五段階のリッカート尺度で答える項目もある。ティーンスクリーン・プログラムの長所とは、既知の危険因子を広くとらえることができる点である。したがって、実際に自殺の危険が高まっている青少年をスクリーニングする強力なツールであるだろうし（この点についてはさらに研究が必要であるが）、他の否定的な結果を生じる危険の高い青少年を同定できるだろう。さらに、ティーンスクリーン質問紙は、併存的妥当性の高さも示している（Shaffer, Scott, et al., 2004）。

救急部を受診した青少年のために開発された多要素のスクリーニング法もある。精神医学的主訴で救急部を受診した小児や思春期患者のスクリーニング法をホロウィッツら（Horowitz et al., 2001）は開発した。一般的な精神医学的評価に加えて、患者は一四項目からなる自殺の危険質問紙（Risk of Suicide Questionnaire; RSQ）、三〇項目からなる自殺念慮質問紙（Suicide Ideation Questionnaire; SIQ）に回答した。ＲＳＱは、自殺念慮、自殺行動、人生のストレス、アルコールや薬物の使用、対人関係の喪失について評価した。ＲＳＱの項目のうちの四項目が、基準（すなわち、ＳＩＱ評点）をもっとも効率的に予測することが明らかになった。スクリーニングツールでは、これらの尺度の組み合わせが比較的項目が多いものである。ＲＳＱには期待が持てるのだが、このスクリーニング法の評点が自殺企図や他の危険因子とどのように関連しているのかについてのデータはまだない。

自殺の危険の高まっている青少年をスクリーニングする場としての救急部の重要性を認識し、精神医学的主訴あるいは非精神医学的主訴を呈する青少年の自殺の危険をスクリーニングする方法を、キングらは開発した（King, O'Mara, Hayward, & Cunningham, 2009）。このような青少年の多くは、一般的には精神医学的あるいは精神保健的評価を必要とされるような主訴を呈していない。たとえば、事故による外傷、アルコールや薬物の過量服用、慢性疾患の悪化といった訴えである。また、救急部の使命は、救急の事態や急性の事態に焦点を当てることである。そこで、キングらは自殺の危険の高い青少年の一群をスクリーニングしようと考えた。短いスクリーニング法を組み合わせて、青少年が（1）重度の自殺念慮と最近の自殺企図や、（2）併発しているうつ病とアルコールや物質乱用の問題を抱えていないかを評価しようとした（King, O'Mara, et al., 2009）。具体的には、彼らはＳＩＱ-ＪＲ、レノルズ思春期うつ病尺度－2：短縮版（Reynolds Adolescent Depression Scale-2: Short Form: RADS-2:SF; Reynolds, 2008）、三項目のアルコール使用（消費）同定試験（Alcohol Use Disorders Identification Test-Consumption: AUDIT-C; Reinert & Allen, 2007）を用いた。このスクリーニング法の妥当性と有用性を検証し、一六％の青少年が自殺の危険が高く、一八％は精神医学的問題がないにもかかわらず自殺の危険が高いと判定された。これは、この種のスクリーニング法が自殺の危険が高い青少年を発見する可能性を示唆している。

最近では、インターネットによるスクリーニング法を活用しようとする臨床家も出てきた。ファインらは、精神保健の心配事（例うつ病、心的外傷後ストレス）、心理社会的悩み（例家庭内暴力）、非精神医学的訴えで救急部を受診する青少年の自殺の危険について、ウェブでのスクリーニング法を検証した（Fein et al., 2010）。この方法による初期評価では、救急部のスタッフがスクリーニングを実施し、その結果を解釈したのだが、青少年の約一〇％が陽性と判定され、さらに詳しく評価された。同様に、ダイアモンドら（Diamond et al., 2010）は、プライマリケアの場に受診した一二〜二一歳の思春期から若年成人までを対象とした行動健康スクリーン（Behavioral Health Screen）を開発した。実施に八〜一五分かかり（五四項目中に三九項目のフォローアップ項目がある）、とくに自殺行動の予測について有力な心理検査的特質を持っているとされた。

これらの研究は今後大いに期待でき、短いスクリーニング・ツールや複数の自殺の危険因子を組みあわせて用いる方法の可能性に焦点を当てている。

面接と自記式スクリーニング戦略の比較

まとめると、スクリーニング戦略にはいくつかの選択肢がある。たとえば、自殺念慮や自殺行動をとくに評価する質問紙で実施に数分しかかからないもの（SIQ-JR）、自殺念慮や自殺行動をより広くとらえるような一連の質問紙（C-SSRS、YRBS）、自殺念慮や自殺行動を捕捉する短いスクリーニング・ツールとうつ病やアルコール／物質乱用をとらえるスクリーニング・ツールを組み合わせたり（Diamond et al., 2010; Fein et al., 2010; King, O'Mara, et al., 2009）、ティーンスクリーンのような一般的な健康に関する質問紙を用いるといった具合にである。もしも、大多数の青少年のスクリーニングを実施する必要があるのだが、とくに自殺念慮や精神症状を呈さず、短時間で実施しなければならない場合には、自記式の方法が望ましいだろう。もしも、その場に経験豊富な精神保健の専門家がいるならば、面接という方法や、短いスクリーニングと面接を組み合わせることが望ましいだろう。

それぞれの状況におけるスクリーニング戦略

精神保健の場

精神保健のどのような状況であっても、診断や治療を受けている青少年にはすべて自殺の危険についてスクリーニングすることを勧める。この提言は、精神保健の専門家の臨床ガイドラインに沿ったものである（American Academy of Child and Adolescent Psychiatry, 2001）。このスクリーニングは面接の初期に実施して、もしも自殺の危険が高い兆候があれば、包括的危険評価のために十分な時間が残されるようにする。外来や入院の場では、このスクリーニングは個人的に臨床面接の一部として常に実施すべきである。この面接によるスクリーニングを、自記式のスクリーニングで補完させると有用であるだろう。というのは、青少年は診察室で大人と対面して面接を受けるよりは、自記式のスクリーニングのほうが、偏見を伴うような心配をより率直に打ち明ける傾向があることを研究結果が示しているからである（Klimes-Dougan, 1998; Safer, 1997）。

面接によるスクリーニングを実施し、自記式のスクリーニングとも情報を共有する際には、臨床家は平穏で、中立的な態度を保つことが重要である。ショックを表して、過度に反応したり、「あなたは大変な思いをしてきた」などと言ったり、反射的にただちに精神科入院の手配をしたりしないで、まず青少年の反応を受け止めるべきである。青少年からもっとも妥当で、可能な限りありのままの情報を引き出し、心理的な苦痛とそれが引き起こす問題を理解しようとすることが目標である。精神保健の場で広く実施されている面接による戦略に関する追加の情報を、面接によるスクリーニングの項で解説した。さらに、第4章で、包括的自殺危険評価についての本質的な情報について提示する。この評価は一般に精神保健の場で実施されている。

医療の場――救急部とプライマリケアのクリニック

医療の場は自殺の危険のスクリーニングにとってしばしば多くの利点がある。第一に、ほとんどの若者は毎年一回はプライマリケア医のもとを受診し（Tylee, Haller, Graham, Churchill, & Sanci, 2007）、毎年うつ病の青少年の約三〇％が救急部を受診している（Britto, Klostermann, Bonny, Altum, & Hornung, 2001）からだ。六四八三名の青少年を対象とした全国調査で報告されたように（Merkangas et al., 2011）、多くの青少年が利用可能な精神保健サービスについて限られた知識しかなく、精神障害を持つ青少年のわずか三分の一強（三六％）しか専門家による治療を受けていないことを考えると、積極的なスクリーニングとフォローアップを実施し、さらに多くの青少年に働きかけて、適切な治療が受けられるようにすることが必要だろう。

積極的なスクリーニングは、自殺の危険が高い青少年のサブグループを同定するのにとくに重要であるだろう。医療の活用は、性別、人種、年齢によって大きく異なることが広く知られている。青少年の女子は男子に比べて不安障害の治療を受けている率が高く、一方、男子は注意欠如多動性障害の治療を受けている率が高い（Merikangas et al., 2011）。気分障害や不安障害が重症であって、機能の障害を呈していたとしても、少数派の人種に属する（ヒスパニック系および非ヒスパニック系黒人）青少年は白人の青少年に比べて治療を受けている率が低い（Merikangas et al., 2011）。小児・思春期においても精神科医療の利用に差が認められる（Cuffe et al., 2001）。重症の精神科的問題を持つ若年の青少年はより年長の青少年に比べて精神保健の専門家のもとに受診する率は高いのだが、これは年齢が高まるほど受診率が下がっていく。最後に、青少年男子では年長になるほど、医療を利用する率が下がるのだが、同じ年代では女子は年長になるほど受診率が高くなっていく（Marcell & Halpern-Felsher, 2005）。

青少年の精神科医療受診率がごく限られていて、個人差が大きいことを考えると、自殺した青少年のほとんどが精神科医療や精神保健サービスを受けていなかったことは驚くべきことではない（Brent et al., 1988; Marttunen et al., 1992; Shaffer et al., 1996）。年長になるにしたがって男子の自殺率が高くなることを考慮すると、年長の青少年、とくに年長の男子が若年の青少年に比べて精神科医療を受診する率が低くなることはとくに憂慮すべき傾向である。

救急部におけるスクリーニング

救急部は、スクリーニングの場としていくつかの利点を有する。第一に、非常に多くの青少年が毎年救急医療を求めて、救急部においてルーチンのあるいは集中的医療を受けている（Wilson & Klein,

2000）。第二に、救急部では長時間待たなければならないことがごく普通であるので、その間に時間の負担を増さずに、青少年のスクリーニングを行う機会が得られるだろう。第三に、アルコールの急性中毒、交通事故による外傷、自殺未遂、いじめ、自傷といった問題を呈して地域から救急部に受診する幅広い青少年をスクリーニングする機会を得られる。

救急部は非常に忙しくて、しばしばその負担が過大になっていることを考えて、救急部におけるスクリーニングは実施の簡便さ可能性を重視する必要がある。本章の冒頭に述べた提言に沿って、スクリーニング戦略は、時間がかからず、患者が理解しやすく、多忙な総合病院という場ですぐに実施できて、容易に解釈できるものでなければならない。精神医学的、非精神医学的主訴を呈する青少年患者に対してこの種のスクリーニングが実施可能であることを明らかにしている最近のいくつかの研究がある（Fein et al., 2010; Horowitz et al., 2010; King, O'Mara, et al., 2009）。

救急部での使用に耐えられるように短くしたり、修正を加えたりした、さまざまなスクリーニングツールがある。そのうちのいくつかはすでに本章でも述べたが、たとえば、コロンビア自殺重症度評価尺度（Columbia Suicide Severity Rating Scale: C-SSRS; Posner et al., 2008）、自殺念慮質問紙（青少年版）（Suicidal Ideation Questionnaire-Junior: SIQ-JR; Reynolds, 1988）、そして、いくつかの多要因スクリーニング・ツールである（Fein et al., 2010; Horowitz et al., 2010; King, O'Mara, et al., 2009; Wintersteen, Diamond, & Fein, 2007）。なお、次のような点を検討すべきである。（1）自殺の危険を適切にスクリーニングするために必要最小限の数の質問である。（2）スクリーニングの質問に対して妥当な反応をもっとも効率的に引き出すことができる手法である（そして、スタッフや患者にとって実施可能であり、費用対効果比も高い）。（3）自殺の危険のスクリーニング結果が適切に医師に伝えられて、自殺の危険に対応できるような方法で実施される。これらの点は、本章の冒頭で解説した、自殺の危険のスクリーニングの三原則と一致している。

外来クリニックや学校と同様に、救急部では、自殺の危険のスクリーニングの質問は、精神保健や危険度の高い行動についてのより広い意味での評価の一環として実施されるか（Claassen & Larkin, 2005; Lowenstein et al., 1998; Rhodes et al., 2001）、それとは別個に尋ねられることになるだろう（Folse, Eich, Hall, & Ruppman, 2006; King, O'Mara, et al., 2009; Wintersteen et al., 2007）。どのようなツールを使うか、あるいは、複数のツールを組み合わせて使うかは、既存の手順の中に統合しながらも、正確で有用な結果を得るにはどのようにすべきかを考えながら、決定する。

青少年のすべてが自記式のスクリーニング法に妥当な回答をしているかという点に慎重でなければならないが（King et al., 2012）、幸いなことに、青少年とその親のほとんどが救急部における自殺の危険のスクリーニングに対して肯定的な態度を示していることを最近の研究が明らかにしている（Horowitz et al., 2010; O'Mara, Hill, Cunningham, & King, 2012）。しかし、青少年とその親は、プライバシー（O'Mara et al., 2012; Pailler et al., 2009）や、スクリーニングにかかる時間について懸念を抱いている（O'Mara et al., 2012）。救急部で青少年のうつ病をスクリーニングすることに関する医療従事者の意見に関する調査では、スクリーニング結果が陽性となった青少年が時機を逸することなく、適切にフォローアップを受けられるかという点について懸念が表明されていた（Cronholm et al., 2010）。これが強調しているのは、コミュニケーション、記録、フォローアップの計画を立てることの重要性という、自殺の危険のスクリーニングに関する基本原則のひとつである。スクリーニング結果が陽性と判定された青少年と話しあい、適切にフォローアップにつなげることができる人が傍にいなければならない。スクリーニングの手順、記録とフォローアップの体制を整えるには、救急部内の管理面からの支持も必要となる。

プライマリケアの場におけるスクリーニング

プライマリケアの場にも、自殺の危険を早期に検出する機会がある。多くの医学や精神保健の専門団体や政府や官公庁も、プライマリケアの場において、精神保健や自殺の危険をスクリーニングすることを支持している（American Academy of Child and Adolescent Psychiatry, 2009; National Research Council and Institute of Medicine of the National Academies, 2009; New Freedom Commission on Mental Health, 2003; DHHS, 2001）。

青少年の七〇％以上は年に少なくとも一度はプライマリケア医のもとを受診し（Frankenfield et al., 2000）、自殺者の四五～六六％は死の前の一カ月間にプライマリケア医を受診していたことを心理学的剖検研究が示した（Luoma et al., 2002）。このような知見にもかかわらず、小児科医や家庭医のわずかに二三％しか、患者に自殺の危険因子についてルーチンで質問していない（Frankenfield et al., 2000）。青少年の患者に関する他の研究では、プライマリケアの外来を受診した患者でうつ病と診断されたのはわずかに二～三％にすぎなかった（Frankenfield et al., 2000）。

プライマリケアの場において自殺の危険を評価する標準化されたプライマリケア・スクリーニング・プログラムを実施したところ、質問する率が上がり、危険の高い患者を検知する率や紹介数も増加したことを最近の研究が明らかにしている（Wintersteen, 2010）。このスクリーニング戦略には、電子カルテの半構造化心理社会面接に二つの標準化された質問が加えられた。電子カルテの手法を活用して、これらの質問は一二～一八歳の青少年の面接に自動的に含まれるようになった。このスクリーニング実施計画には医師を対象とした九〇分間の研修も含まれていた。質問で評価されたのは、希死念慮（「あなたは人生には生きる意味がないと考えたことがありますか?」）や自殺念慮（「あなたはこれまでに自殺したいと考えたことがありますか?」）であった。この二つの質問を標準化した面接に含めた結果、精神保健のフォローアップに自殺の危険の高い青少年を紹介することに関して、質問することは二一九%、危険の高い症例の発見は三九二%も上昇した。この研究は、長期間追跡していないので、スクリーニング結果についてのデータは含まれていない。

異なるアプローチをして、同じチームの研究者たちが、プライマリケア医を受診した青少年と若年成人のための行動健康スクリーン（Behavioral Health Screen: BHS）を開発した。心理社会的問題や精神保健に関して医師による半構造化面接に頼るというばかりでなく、この方法は、インターネットによる自記式スクリーニング戦略である。本章で前述したように、この戦略の初期の知見は期待が持てるものであり、研究は現在も進行中である。

まとめると、いくつかの現在入手可能なスクリーニングツールがプライマリケアの場で実施できるようになっている。面接によるスクリーニングと自記式のスクリーニングの双方について本章で解説してきた。プライマリケアの場において精神保健と自殺に関してスクリーニングを実施するうえでの主な障壁は、医師が割くことのできる時間、研修が十分ではないという認識、精神保健のスクリーニングがプライマリケア医の責任であるかという点の曖昧さ、医療費の償還などである（Olson et al., 2002）。ティーンスクリーン・プライマリケアは、最近、プライマリケア医に対して、精神保健のスクリーニングとフォローアップについての医療費の償還の手引きを発表した（TeenScreen Primary Care, 2012）。物質乱用・精神保健局により最近公表された「プライマリケアの場における精神保健サービスに関する医療費の償還」という白書もある（Kautz, Mauch, & Smith, 2008）。

プライマリケアの場におけるスクリーニングによって、うつ病などの気分障害による全般的な負担を減らすことが効果的かどうかについてのエビデンスはきわめて限られたものでしかないと、最近、サンチらが指摘している（Sanci, Lewis, & Patton, 2010）。偽陽性の結果がもたらす悪影響の可能性についての懸念があり、かえってスティグマを増したり、現在すでに医療資源が十分ではないのに、さらにそれへのアクセスが難しくなるのではないかといった不安がある。そのうえ、適切な治療が実際に受けられるかとか、青少年が進んで治療を受けるだろうかといった懸念もある。スクリーニング結果が効果的であるためには、スクリーニングで陽性と判定された人が協力的な治療体制の中で適切な治療の選択ができるようになっていなければならない。救急部や、次に解説する学校など、すべてのスクリーニングの場において、適切な治療が受けられるかという問題は重要である。

学校

米国では一一万四〇〇〇の学校に五二〇〇万人の生徒が通学しており、学校は多くの青少年にアプローチするのにもっとも自然な場である（New Freedom Commission on Mental Health, 2003）。学校における自殺予防戦略はこれまでには次の三つのタイプがあった。（1）カリキュラムに基づく教育・啓発プログラム、（2）校内スタッフの研修、（3）全校対象のスクリーニング・アプローチ（Gould, Greenberg, Velting, & Shaffer, 2003）。カリキュラムに基づくプログラムでは、精神保健教育や自殺の危険を示すサインについての教育が行われる。このようなプログラムでは、もしも必要であれば、生徒自身が専門家や仲間から援助を求めるようにと、生徒に働きかける。校内研修プログラムでは、生徒の危険因子を認識し、自殺の危険にどのように対応すべきか、教師や他の学校のスタッフを対象にゲートキーパー研修を行う。全校対象のスクリーニング・プログラムは、全員を対象として、自殺の危険が高い生徒を発見する予防アプローチである。本章の目的に沿って、公式な学校におけるスクリーニング・プログラムについて以下に解説する。

普遍的な自殺予防アプローチは、何らかの自殺の危険が高まっている特定の生徒だけを対象とするのではなく、ある学年の全生徒、あるいは全校の生徒を対象としたスクリーニングである。この種の公衆衛生学的自殺予防アプローチは、物質乱用や妊娠予防プログラムといった学校におけるスクリーニング法のような普遍的な予防戦略とよく似ている。学校の全生徒に働きかける可能性に加えて、普遍的スクリーニング・プログラムは、重症とはいえないまでも、危険の高まっている青少年を早期に検知するという可能性もある。危険がやや高まっている生徒を早期に同定することによって、さらに悪化して、自殺念慮を抱いたり、自殺行動に及んだりするのを防ぐことができるようになるだろう。自殺した青少年の大多数が精神保健の専門家のもとを受診していなかったというデータを考えると（Brent et al., 1988; Marttunen et al., 1992）、危険の高い青少年との接触を増やすアウトリーチの戦略が重要である。

入手可能なエビデンスによれば、学校のスクリーニング・プログラムの目的とは、（1）自殺の危険が高まっている生徒を検知し（Pena & Caine, 2006）、（2）まだ精神科治療を受けていない生徒を同定し（Garlow et al., 2008; Scott et al., 2008）、（3）このような若者が治療を受ける率を高める（Gould et al., 2009）ことである。しかし、現在までのところ、全校を対象としたスクリーニングの結果、自殺企図が有意に減少したことを示す研究はわずかに二つしかない（Aseltine & DeMartino, 2004; ただし、その問題点については以下の考察を参照されたい。Rotheram-Borus & Bradley, 1991）。自殺予防と介入という、この比較的新しい領域の研究には、さらなる調査が必要であることは明らかである。

以下に、十分に確立されていて、エビデンスに基づく、学校におけるスクリーニング・プログラムを二つ挙げておく。すなわち、ティーンスクリーン（TeenScreen）プログラムと自殺のサイン（Signs of Suicide: SOS）プログラムである。どちらのプログラムも、エビデンスに基づくプログラムと実践の全国登録に含まれている。**付録C「学校のための自殺予防資料：ガイドラインと教育・啓発プログラム」**でも両プログラムについて述べておく。

ティーンスクリーン・プログラム

ティーンスクリーン・プログラムの全般的目的は、学期中に、生徒に無料で、自由意思で参加できる精神保健の検査を提供することである。ティーンスクリーン・プログラムは現在移行段階にあるのだが、私たちは長年にわたってこのプログラムからさまざまなことを学び、多くの点で手本となるプログラムである。このプログラムは、実施前に、親と生徒の両者から同意を得る必要がある。生徒は自記式の質問紙に約一〇分間で回答する。質問紙は、うつ病、不安、物質乱用、自殺念慮、自殺行動を評価する。もしも生徒の反応が何らかの懸念を示唆している場合には、学校の常勤の精神保健の専門家による第二段階での評価へと紹介される。もしもこの段階で精神保健の専門家がより集中的な評価や治療が必要であると判断すると、親に告知されて、適切な機関へと紹介される。このプログラムとその結果については今後もより多くの研究が必要であるのだが、ティーンスクリーン・プログラムは自殺の危険の高い生徒を効率的に検知し、治療の利用率を高めていることを、研究結果は明らかにしている(Husky, McGuire, Flynn, Chrostowski, & Olfson, 2009; Scott et al., 2008; Shaffer, Scott, et al., 2004)。

SOSプログラム

SOSプログラム(www.mentalhealthscreening.org/highschool)は、教室で実施される介入法(ビデオと討論のガイド)であり、生徒のうつ病や自殺の危険に気づくための短い自記式の質問紙がある。青少年が自分や友人の苦悩の兆候に気づいて、ACTアプローチで適切に反応することを教えるのが、このプログラムの目的である。なお、ACTとは、acknowledge(気づく)、care(思いやる)、tell(自殺の危険について信頼できる大人に伝える)の頭字語である。生徒たちは地域の医療機関についての情報についても教えられる。SOSプログラムでは、陽性と判定された生徒をただちに専門家による診断につなげるという、二段階のスクリーニングの体制は取らない。むしろ、SOSのスクリーニングは生徒自身が実施し、自分で評点をつけて、評点が高い場合には、自分で受診するように生徒に働きかけるものである。SOSプログラムに関する無作為対照研究では、このプログラム実施後三カ月では、一般の健康の授業や社会の授業を受けた生徒に比べて、自殺未遂の率が有意に減少したが(四〇%)、援助希求的態度には変化が認められなかったと、アセルティンら(Aseltine & DeMartino, 2004)が報告している。他の研究でも、自殺未遂率の減少(Aseltine, James, Schilling, & Glanovsky, 2007)と、援助希求的態度の増加が明らかにされた(Aseltine, 2003)。いくつかの研究がSOSプログラムによる自殺未遂率の低下に及ぼす影響を示しているものの、それがスクリーニングの要素によるものか、教育的な要素によるものなのか、あるいはその両者の相互作用なのかは明らかにされていない。

考慮すべき重要な点

多くの研究者や自殺予防の専門家が学校におけるスクリーニングの価値を提唱しているのだが、学校でこれらの方針を実施することに対していくつかの壁がある。学校の当局者が懸念するのは、偽陽性の率、スクリーニングを適切に実施するために必要な資源、生徒を専門的な治療に紹介することに関する倫理的・法的問題などである（Eckert, Miller, DuPaul, & Riley-Tillman, 2003; Eckert, Miller, Riley-Tillman, & DuPaul, 2006; Sherff, Eckert, & Miller, 2005）。

自殺の危険が高いと判定された生徒に対してフォローアップ面接を実施するのに必要な資源について考慮することに加えて、地域に優秀な専門家が少なくて、治療を受けられなかったり、予約待ちの時間が長かったり、精神保健についての健康保険が十分ではなかったりするといった点は、スクリーニング・プログラムを効率的で安全に実施するうえで検討しておくべき倫理的・法的問題である。学校でのスクリーニングをプライバシーの侵害であると見る人も多いために、政治的にも多くの論争を招いてきた。

表3-4は、読者の学校や地域が公式なスクリーニング・プログラムの実施に関心を抱いているとするならば、考慮して、解決しておかなければならない問題を一覧にしたものである。プライマリケアの場や、里親制度や青少年の法的機関といった他の青少年関連機関に対しても、これらは同様に考えるべき問題である。

表3-4　精神保健スクリーニング・プログラムを実施する際のチェックリスト（Weist, Rubin, Moore, Adelsheim, & Wrobel, 2007）

1. スタッフや地域の資源について検討する。学校や機関の内部（校内の精神保健の専門家）や外部（地域の精神保健の専門家、大学、地域の他の機関）の誰が研修を積んでいて、援助してくれるだろうか？
2. すべての関係者を含めた計画委員会を作る。親、生徒、教師、プライマリケアや精神保健の専門家、児童福祉、青少年の法的機関、地域の関係のある児童サービス部門、校区の法的コンサルタントなど。
3. 各々が分担すべき責任について地域の関係者との間で覚書をまとめる。陽性と判定された生徒を誰がフォローアップするか？　誰が紹介を受け入れるか？
4. 詳細な点についても合意を形成する。学期内のいつスクリーニングを実施するか？　どのようにして親の同意を得るか？　親の同意が得られなかった生徒にどのように対応するか？
5. 誰が、研修、スーパービジョン、技術支援を行うか？
6. 法的問題にどのように対処するか？

結　論

精神保健、プライマリケア、救急部、学校といった場で、青少年の自殺の危険の高さを判定できる、簡便で、実施可能で、心理検査的特性も備えたスクリーニング戦略が入手可能である。本章では、自殺の危険のスクリーニングについての基本的原則（簡便、実施しやすさ、心理検査的特性、コミュニケーションと記録とフォローアップの必要性）について解説した。さらに、自殺念慮、自殺の意図、自殺行動についての青少年に対してどのように面接すべきかについても情報を提示した。さらに、青少年のスクリーニング・プログラムに統合すべき自記式の質問紙についても総説した。最後に、精神保健、救急部、学校、プライマリケアの場においてスクリーニングを実施する際の戦略についても解説した。

第4章

自殺の危険についての評価と定式化

章の目的

- ◆ 自殺の危険の評価と定式化に関する基本原則を解説する。
- ◆ 危険の評価と定式化の手順を解説する。
  - ◇ 相手を思いやる態度と、手助けしたい気持ちを示す。
  - ◇ 危険因子と保護因子について包括的な情報を収集する。
  - ◇ 情報を統合し、危険を定式化する。
  - ◇ 危険の定式化と計画を記録し、クライアントに伝える。

本章では、読者が専門家として活動する際に活用できる実用的な情報を提供し、危険の評価と定式化に関する基本原則について解説する。全般的なアプローチ、臨床面接、補足的な自記式質問紙の情報などといった、危険の評価の手引きとなるような、包括的で、実施しやすい情報を提示する。青少年の自殺念慮、自殺衝動、過去の自殺行動、精神状態に関する検査などについて特定の診察をしていく点を強調する。最後に、危険の定式化の手順を示し、慎重に記録することの重要性についても強調する。本章末には、急性期治療の場で活動している臨床家がとくに考慮すべき問題や、急性の危険の評価で集めた情報をもとに、どのように入院の決断をするかについても考察する。

包括的自殺危険評価と定式化は一般に精神保健の専門家によって実施される。例外的に、救急部において、医師や看護師が自殺の危険について評価をすることがあるが、次の点に関する本質的な研修を受けておかなければならない。(1) さまざまな自殺の危険因子があり、背景に存在する慢性の危険因子（非常に重要であるかもしれないが、自殺行動とは時間的に離れていて、急性ではない危険因子）と急性の危険因子の差を理解しておく。(2) 危険を評価するために、繊細かつ効果的な面接を実施する。(3) 標準化された評価ツールを用いたり、第三者に面接したりして、補足の情報を収集する。(4) 危険因子と保護因子を評価して、危険の定式化を行う。(5) とくに急性の危険に焦点を当てながら、危険度について臨床的な判断を下す。(6) 青少年のための行動計画を実施に移す。理想的には、青少年自身もその計画に加わるように働きかける。(7) この過程を明確に記録しておく。

本章では、経験豊富な精神保健の専門家が、自殺の危険についての評価と定式化を実施するのに必要な補足的な特定の知識とツールを提供する。すべての医療従事者や、親や教師といった多くのゲートキーパーがスクリーニングや自殺の危険の可能性を発見するのに重要な役割を果たすのだが、特定の精神保健の専門家が、自殺の危険が高まる可能性のある青少年についての包括的自殺危険評価をするのにもっともふさわしい。誰が自殺を図ったり、実際に自殺したりするのか、そしてそれがいつ起きるのかを正確に予測するのは大変に困難で、おそらく不可能でさえあるかもしれないが、包括的な危険評価と定式化によって、青少年の自殺行動や自殺の危険がどの程度高まっているのか判断するための最善の情報が得られるだろう。これによって、適切な手立てをとって、青少年の安全を確保し、肯定的な対処を促し、入手可能なエビデンスに基づく治療をして、危険因子に働きかけていく。

危険の評価のための基本原則

危険評価の四つの基本原則がある。第一の基本原則として、危険について理解しておく必要がある。二五年以上にわたって実施されてきた本質的な研究によって、青少年の自殺行動や自殺に関する危険因子と保護因子について莫大な情報が集積されてきた。これらの研究の知見は同様の傾向を示している。研究が、急性期精神科入院、外来クリニック、地域とさまざまな場で実施されていたにもかかわらず、多くの同様の危険因子がしばしば明らかにされてきた。たとえば、自殺未遂歴、うつ病、アルコール乱用などといった危険因子の重要性を指摘する多くの研究がある。このような危険因子や個々の青少年に特有な危険因子を熟知し、完全な評価を実施するのは私たちの責任である（青少年の自殺行動や自殺についての危険因子や保護因子に関する総説は第2章を参照されたい）。自殺の危険は多要因的であるという点についても理解しておくことが重要である。したがって、包括的危険評価には、可能性のあ

危険の評価に関する基本原則

- 危険について理解しておく。そのためには、複数の因子について評価する必要がある。
- 危険は静的ではない。したがって、評価は繰り返し実施する必要がある。
- 危険はかならずしも明らかではない。したがって、自殺念慮や自殺衝動についての特定な評価が望ましい。
- 複数の人々からの情報を参考にして、包括的な危険の評価が可能となる。

る複数の危険因子を評価するとともに、これらの因子がどのような相互作用を呈しているかという点についても理解しておく必要がある。

危険評価の第二原則とは、自殺の危険は静的（static）ではないので、評価は常に現在進行形で繰り返し行わなければならないという点である。第2章で慢性と急性の自殺の危険因子について解説したが、両者を識別しておくことは現在進行形の評価にはきわめて重要である。精神保健の場においては、ほとんどとは言わないまでも、多くの青少年の患者には慢性の自殺の危険因子を認める。たとえば、自殺未遂歴、慢性のうつ病、双極性障害、他の精神障害、身体的・性的虐待の既往、他のタイプのいじめ、親の自殺の家族歴などである。このような特徴や生活史を認める青少年は、群として、自殺行動や自殺の危険が高いことを疫学研究が明らかにしている。しかし、個々の青少年でどの程度自殺の危険が高まっているのか正確に予測することは難しい。部分的にはこの理由から、このような青少年を定期的な間隔で急性の自殺の危険について、密接かつ慎重にモニターしていくことが重要である。自殺未遂歴のある臨床的にうつ病の青少年が、同時に酩酊していたり、懲戒処分を受けたり、対人関係の破綻を経験したりしている時には、急性の危険が高まっていると考えるべきだろう。危険の定式化をする前に、青少年の慢性の危険因子について理解し、できる限り多くの情報を集め、青少年の急性の危険について判断を下す際には参考にしなければならない。

危険評価の第三原則とは、危険はかならずしも常に明らかではないという点である。これがおそらく精神保健の専門家にとって最大の挑戦となるだろうし、臨床家や遺族にとって自殺がもたらす苦痛に満ちた側面である。自殺の危険因子について知っておき、繰り返し自殺の危険評価（同時に、危険についての慎重な定式化）を行うことは、青少年の自殺行動や自殺を予防するためにきわめて重要である。しかし、青少年が自殺念慮、自殺衝動、自殺の計画についての情報を親や精神保健の専門家に打ち明けようとしないこともある。これには多くの理由があるだろう。たとえば、青少年が他者の極端な感情的で否定的な反応を恐れる。自分の考えを他者と分かち合う言葉や勇気がない。以前に救急部や入院の経験があって、二度と行きたくないと考えている。自殺の計画を誰かに妨げられたくない。したがって、自殺念慮、自殺衝動、自殺行動に関する特定の質問（一一二ページ参照）、複数の人々からの情報収集戦略（以下に解説）、複数の評価法（面接、観察、標準化評価ツール）を私たちは勧める。

危険評価の第四原則とは、複数の人々から情報を得ることによって、包括的評価が可能になるという点である。青少年の置かれた状況や対人関係にもよるのだが、自殺未遂歴、アルコール乱用や素行障害の既往歴、他の状況における入院歴といった重要な情報のすべてを青少年は打ち明けようとはしないかもしれない。さらに、以前受診した臨床家について詳しい情報を持っていないかもしれない。こういった場合には、親や他の法的後見人がいくらかの情報をしばしば明らかにしてくれる。さらに、青少年が進んで多くの重要な情報を話すことができるとしても、親、教師、カウンセラー、以前の担当医は、補足の情報を提供してくれて、青少年の機能の程度や自殺の危険について新たな視点を得られる可能性がある。

複数の人々から得た情報が互いに矛盾するような場合には、慎重になるべきである。一般に、親は子どもの自殺念慮や自殺未遂歴についてごく限られた知識しかないことを示すエビデンスがある（Klaus, Mobilio, & King, 2009）。この結果は、成人に焦点を当てたいくつかの研究とは対照的である（DeJong & Overholser, 2009; Li & Phillips, 2008）。成人では、自殺未遂者と家族の情報が比較的高い一致を見ることが示唆されている。しかし、親は、感情的な子どもの苦悩や絶望感といった観察しがたい現象よりは（Velting et al., 1998）、むしろ容易に観察できる現象（例物質乱用、素行の問題）についての情報を持っている傾向が強いだろう。この知見と一致しているが、私たち自身の研究でも、親は子どもの自殺念慮よりも自殺未遂について気づいていることが多いことが明らかになった（Klaus et al., 2009）。ごく当然のことだが、親の認識が改善するには、肯定的な家族のサポートがあり、親のうつ病の既往歴を認識することが明らかになった。親と子の間で情報が矛盾することについて考えるには、両者からの肯定的な情報に重きを置くことを勧める。

危険の評価と定式化の手順

青少年の自殺の危険を評価する際に重要なふたつの要素がある。第一に、相手を思いやり、援助を差し伸べたいと伝える。第二に、複数の情報収集手段（例面接、観察、標準化評価ツール）を用いて、複数の人々（例青少年、親、以前の治療者）から自殺の危険因子と保護因子について包括的な情報を収集する。

相手を思いやり、援助を差し伸べたいと伝える

相手を思いやり、敬意を示し、何とか助けの手を差し伸べたいことを表すアプローチこそが精神保健の専門家の研修と実践の要である。実際に、若者の治療に関する四九の研究をメタ解析したところ、治療同盟に不可欠な次のようないくつかの指標が明らかにされた。すなわち、カウンセラーの対人的スキル、青少年との治療同盟、治療に自ら積極的に加わろうとする青少年の意欲などが、良好な結果をもたらすことを有意に示していた（Karver et al., 2006）。このような指標の影響度は軽度から中等度であり、結果に対して中等度ではあるが、臨床的に意味のある影響を及ぼしていることを示唆している。

自殺の危険が高まっている可能性があるかもしれない青少年に対面した時には、まず傾聴に徹して、青少年の抱えている苦痛や絶望感など、その経験を理解するように努めることを最優先させる。青少年の気分を承認しつつ傾聴することによって、治療同盟を築いて、最終的には、危険評価のための情報を収集し、青少年を助けることができる。すなわち、危険の評価のための決まりきった、掘り下げ

た質問をする前に、青少年の話を徹底的に聴くことがきわめて重要である。

私たちの知る限りでは、治療同盟が自殺の危険の高い青少年の治療結果に及ぼす影響に関するデータはないのだが、この領域の専門家は一律に、相手を思いやるようなアプローチを勧めている。たとえば、「協力的で、非敵対的な態度」は、自殺の危険の評価と管理に関する中核的カリキュラムをまとめた経験豊富な自殺予防の研究者たちのチームが合意に達した、二四の中核的能力のひとつである(Suicide Prevention Resource Center, 2008)。そのうちのひとりであるデイヴィッド・ジョブズ(David Jobes)は、自殺の危険の高い患者に働きかけていく際に治療的関係の重要性についてこれまでも考察していたが(Jobes & Maltsberger, 1995)、自殺の危険に対する協力的評価と管理(Collaborative Assessment and Management of Suicidality: CAMS; Jobes, 2006)と呼ぶアプローチが引き続き重要であるととくに強調している。さらに、認知療法的枠組みの中で患者に働きかけていくうえで、自殺未遂後に治療的信頼関係という状況において患者の自殺行動を深く理解することが重要であると、ラムゼイら(Ramsay & Newman, 2005)が詳しく明らかにした。

精神保健の専門家の研修ではラポールや治療同盟を築くことが強調されているのだとしたら、なぜ「相手を思いやる態度」とか「治療同盟」といった件を本書でわざわざ取り上げる必要があるのだろうか? この件を取り上げる理由というのは、自殺の危険の高い青少年の治療には、臨床家にとってさまざまな緊張を伴う可能性が予想されるからである。「イントロダクション」(第1章)で考察したように、もっともよく認められる緊張は、(1)臨床家がラポールを築いて、協力的で、治療的なアプローチを図りたいという願望と、(2)治療に主導権を握って、未成年の患者の安全を管理したいという願望の間で生じる。この両者は時には併存することもある。たとえば、臨床家と青少年の患者が協力して危機対処計画または、安全計画（第5章参照）を立てたり、あるいは、安定化を図るために短期間の入院に臨床家と患者が合意したりするといった場合である。しかし、このふたつの願望が相反する場合もある。それは、青少年の安全や自殺の危険の可能性に関連した現実的な恐怖感や不安もあれば、訴訟の恐れがあって、臨床家が不必要なまでに管理に焦点を当てている結果かもしれない。この不安を認識し、管理するには、次のようにするとよいだろう。（1）危険の定式化や方針の決定に焦点を当てる前に、患者の話を傾聴することを最優先させる。（2）青少年の患者と協力的な方針を保つ。（3）本書で解説してある、危険の評価と定式化の系統的な戦略を活用する。

資源に限りがあるために、臨床家が患者に援助の手を差し伸べようとすることが影響されるかもしれない。読者が働いている組織に入院治療施設がなければ、診療時間後に提供できるサービスはほとんどないだろうし、医療費が支払われる資源に制限があるかもしれないし、臨床家は自殺の危険の高い青少年の治療を引き受けることに不安を覚えるかもしれない。こういった状況に置かれた臨床家は、青少年の深刻な問題や懸念が解決するまでは、助けの手を差し伸べたいと伝えるよりは、むしろ、実際に援助できることに限りがあるという点を強調するかもしれない。

相手を思いやる態度を保ち、なんとか手助けしたいと伝えるには、読者に何ができるだろうか？　私たちは以下の点を勧める。

1　自殺の危険の高い青少年に対面した際に、まず青少年に耳を傾け、その話を傾聴し、感情的な苦痛や不安を認めたうえで、助けの手を差し伸べたいという気持ちを伝えるようにする。このようにすることで、包括的な危機評価と定式化の下準備ができるだろう。

2 自殺の危険の高い青少年の患者やクライアントを治療していくうえでどの程度の不安を感じているか自己評価してみる。本書で解説した系統的な戦略や提言に沿って、不安を感じることなく、患者が急性の危険を克服していくように、働きかけていくことができるだろうか？

3 自殺の危険が高まっている患者やクライアントについて、信頼できる同僚やスーパーバイザーに定期的にコンサルテーションを求める。

4 個々の患者やクライアントに対する読者自身の態度を定期的に評価する。可能な限り治療の一貫性を保つのだが、読者自身の態度に敵意、拒否、絶望感を認識し、自分自身で認識しているのにそれを解決できない場合には、患者を誰か他の人に紹介する。

5 救急サービスの緊急対応の電話番号を知っておく（警察、救急車、精神科救急サービス）。必要な場合には、このようなサービスに連絡する手順をあらかじめ知っておく。

6 危険の高い青少年のための地域の外来、集中的治療資源などについてあらかじめ熟知しておく。より高いレベルの外来治療（例多分野の専門家による治療チーム、部分的入院治療プログラム、ケースマネジメント、サポートサービス、自殺予防電話相談）といった選択肢についてあらかじめよく知っておくと、安全を管理するという不安が減り、治療に際して過度の制限を加えようとする態度も和らぎ、苦悩に満ちた青少年やその家族を助ける能力を自信を持って伝えることに役立つだろう。

危険因子と保護因子に関する包括的な情報の収集

精神保健の専門家は比較的短時間のうちに包括的な情報を収集する必要に迫られることがしばしばある。所属組織の要求や方針にもよるのだが、危険の定式化の基礎とするための情報収集に四五分間か一時間しか、あるいはそれ以下の時間しかないといったこともあるだろう。時間が限られているので、自殺の意図や衝動といった自殺の危険の評価（青少年の話を聴き、その経験を互いによく分かち合う）を面接の初期に実施することが非常に重要である。そうすることによって、必要であるならば、より詳しい質問のために十分な時間をとることにする。もしも青少年の危険が高まっていたり、急性の危険が高いと思われたら、たとえその次に待っている患者の予約を変更したりしなければならなかったとしても、さらに時間をかけて安全に対処するために評価する時間をとらなければならない。

> **臨床上の注意点**
>
> 危険の定式化にあてる時間が限られているかもしれないので、面接の初期に自殺の危険を評価することがきわめて重要である。

第2章で解説したように、危険因子は次の三つの領域で概念化できる。（1）人口動態学的危険因子、（2）臨床的危険因子、（3）状況的・対人的危険因子について、臨床的情報を収集する必要があ

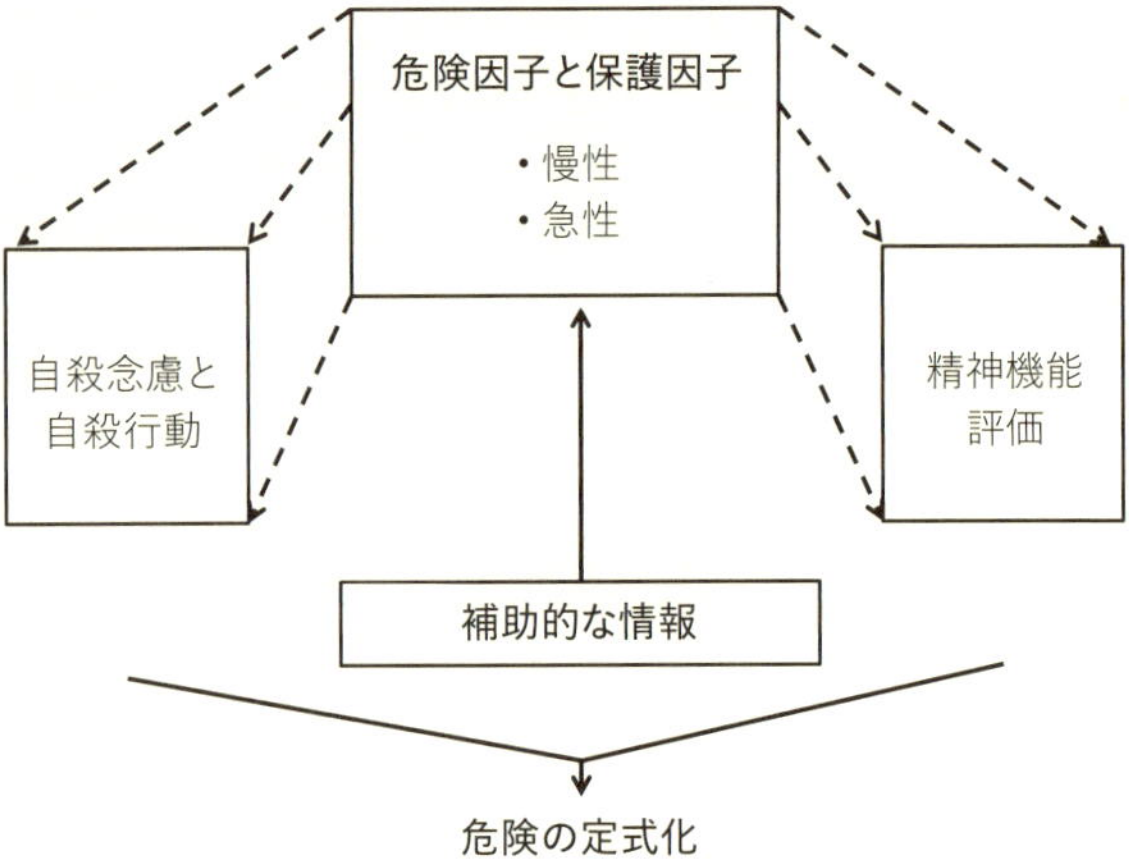

図4-1　危険の評価のための質問や情報収集を示す、危険評価モデル

る。さらに、図4-1に示したように、包括的自殺の危険の評価には、青少年の現在そして過去の自殺念慮、自殺衝動、自殺行動について深く探っていき、現在の精神状態を評価していかなければならない。第2章の表、**青少年の自殺行動と自殺の危険因子チェックリスト**（付録A）、**自殺念慮について すべき質問**（付録D）、**青少年の自殺の危険評価ワークシート**（付録E）は、包括的危険評価の際の面接と情報収集の際に参考にされたい。

> **危険因子と保護因子**
>
> - 三領域を評価する
>   1. 人口動態学的
>   2. 臨床的（青少年と家族の病歴）
>   3. 状況的・対人的
> - 因子の有無、強度、重症度、障害
> - 補足情報や他者からの情報を統合する

主要な危険評価戦略としての面接

面接、行動観察、心理検査的特徴を備えた尺度などといった発達段階に応じたさまざまな方法を用いて、危険因子や保護因子に関する情報を集めることができるだろう（American Academy of Child and Adolescent Psychiatry, 2001）。危険評価戦略には、複数の情報提供者（例青少年、親や法的後見人、以前の治療者）や複数の評価法（例臨床面接、評価尺度、以前の行動の記録）などが含められれば理想的である。しかし、青少年との面接が評価の核となる。青少年との面接を実施しなければ、意味のある危険の評価や定式化を行うことは不可能である。

青少年の親など、強い絆のある他者に面接することも非常に重要である。親や特定の他者は、追加の重要な背景情報（例発育史、学校での様子、家族の精神医学的既往歴）、現在の問題やこれまでの経緯に関する情報、青少年が過去に受けた治療に関する情報などを提供できる。さらに、こういった人々は青少年の自殺念慮や自殺行動について重要な点を知る重要な役割を果たすことがある。たとえ青少年が親よりも自分の自殺念慮や自殺行動について打ち明ける傾向があるとしても（Brent, Kalas, Edelbrock, & Costello, 1986; Klaus et al., 2009）、青少年が過去の自殺行動を話そうとしない場合には、親や後見人が重要な情報を提供してくれることがある。自殺未遂歴があり、自殺の危険のために入院歴のある青少年のおよそ一〇％に、この傾向を認めたと、最近の研究が示唆している（Klaus et al., 2009）。強い絆のある人と面接することによって、青少年の打ち明けたわずかな情報の妥当性が確認されて、さらに深い情報が得られたという例もある。強い絆のあるこのような他者は、時も場所もさまざまに異なる状況で青少年を見守っていて、それぞれの人が出来事に対して独特の視点や解釈を与えてくれるだろう（Achenbach, McConaughy, & Howell, 1987）。

面接の戦略――三つの主要領域に関する情報の収集

重要な危険因子と保護因子に関する情報を収集して、その結果を集計し、自殺の危険の程度を判断できるような、青少年のための自殺の危険評価ツールを推薦してくれないかと、自殺予防の専門家はしばしば質問される。残念ながら、そのようなツールは存在しない。個々の自殺が悲劇をもたらすものの、自殺は統計学的に稀な現象であるため、正確にそれを予測することは難しい（Pokorny, 1983）。一連の危険因子を測定して、自殺が生じる全般的な危険を正確に予測することは可能ではない。自殺行動も自殺と同様に稀な現象であり、これもまた予測するのは難しい。これが難しいのは、頻度が非常に低いことや、個々の青少年にとって危険因子と保護因子がそれぞれに独特に相互に影響を及ぼしあって、自殺の危険が生じるからでもある。青少年の発達に伴って、さまざまな危険因子や保護因子が相互に関係しあい、また変化もする。自殺の危険の相互作用モデルという状況において（King, 1997）、個々の青少年にとって危険の定式化は実に独特なものとなる。

しかし、面接のガイドラインに沿って、青少年や親（あるいは後見人）との危険評価のための面接の際に、関連のすべての領域をとらえるようにすることは可能である。**青少年の自殺行動と自殺の危険因子チェックリスト**（**付録A**）や**青少年の自殺の危険評価ワークシート**（**付録E**）を参考にすることができるだろう。青少年の自殺の危険チェックリストを使用するにあたって、これは標準化面接ではなく、むしろ収集すべき情報を一覧にしたものであって、忘れてはならない一連の質問を列挙したものであることを十分に認識しておくことが重要である。精神保健の専門家は患者を思いやる態度を示し、協力的なアプローチをしながら面接を進めながらも、各領域の問題を取り上げて、十分な質問をし（あるいは、付属の情報を得）ていく。これは、面接のガイドラインがではなく、患者が主役となるような「非構造化」あるいは「半構造化」面接である。もしも精神保健の専門家が、チェックリストを慌ててこなそうとしたり、チェックリストばかりに集中して、その目的が青少年に向きあうことよりも書類作りのように見えてしまったりすると、デリケートで重要な情報が青少年から得られないことになりかねない。

臨床上の注意点

もしも精神保健の専門家が、チェックリストを慌ててこなそうとしたり、チェックリストばかりに集中して、その目的が青少年に向きあうことよりも書類作りのように見えてしまうと、デリケートで重要な情報が青少年から得られないことになってしまいかねない。

特定の質問——自殺念慮と自殺行動

自殺念慮、自殺衝動、その他の自殺行動については、面接の比較的早い段階で評価すべきである。もしも青少年が現在の自殺衝動や意図（あるいは、慢性で強烈な自殺念慮）を打ち明けた場合には、その危険について十分に理解して、次の適切な段階を決定するために、十分な時間が必要となるだろう。もしも青少年が面接がまさに終わりかけている時にようやく自殺衝動を打ち明けるような場合にも、ひどく厄介にはなるが、同様に時間を割く必要があるだろう。要するに、精神保健の専門家はこれらの質問をかならずしも面接の初めから発するわけではないということである。面接の状況や場によって、気分や抑うつ症状を評価する一連の質問の中で、このような質問がされることがある。あるいは、より正式な精神機能評価（一二一ページ参照）の一環として質問されることもある。もしも、精神科的主訴で救急部に受診しているならば、このような質問は面接の主な焦点であるかもしれない。

全般的な面接の戦略

この面接を実施するために推薦される唯一の戦略などはない。過去二〇年間、青少年の自殺に関する研究が増えてきたのだが、特定の面接戦略や質問の順などに焦点を当てたものはなかった。そこで、私たちは「最善の実践」の原則を守ることにする。それは、第1章で解説したように、「患者の特性、文化、志向という状況で臨床的な専門性に沿った入手可能な最善の研究」を統合することである（APA Presidential Task Force on Evidence-Based Practice, 2006, p. 273）。

そこで推薦された戦略とは、次の三つの領域について評価することである。（1）現在の自殺念慮／自殺衝動と自殺行動（救急部や外来受診、あるいは入院となる前の契機となった行動）、（2）最近の自殺願望や自殺行動（一般にはこの数週間や数カ月間であるが、患者の状態によって期間は変わり得る）、（3）これまでの生育史で認められた自殺念慮や自殺行動である。この戦略の第一歩は、青少年に自殺念慮、自殺衝動、最近の行動についてはっきりと、直接質問することである。こうすることによって、自殺念慮や衝動について話して構わない、そして、臨床家はこの大切な問題や青少年の安全の重要性について避けたり、大したことではないなどと扱ったりしないというメッセージをただちに青少年に伝えられる。「あなたはこの一週間のうちに自殺について何回くらい（そして毎回どのくらいの時間）考えたことがありますか？」とか「あなたはこの一週間のうちに自分を傷つけたり、自殺することを考えたり、そのような衝動を覚えたことがありますか？」といった質問を含めることもできるだろう。追加の質問の例は一一七～一一八ページの欄に挙げておく（「自殺について尋ねるべき質問の例」）。

第二の推薦される戦略は、ショーン・シア（Shea, 1998a, 1998b, 2002）によって提唱されてきた。この戦略では、青少年の自殺念慮や自殺行動の既往歴を次の四領域に分ける。すなわち、（1）直近の出

自殺念慮や自殺行動についての特定の質問

- 面接の早い段階で自殺に焦点を当てた質問をする。
- 現在、最近、過去の自殺念慮、自殺衝動、自殺行動について評価する。
- 自殺念慮、自殺衝動、自殺行動の前段階の行為、結果、「機能」について評価する。
- 家族、仲間、地域における他者の自殺行動や自殺を経験しているか評価する。

来事（四八時間以内）、（2）最近の出来事（過去二カ月間）、（3）過去の出来事（定式化に影響を及ぼすかもしれない自殺に関連した出来事）、（4）現在の出来事（例面接中の自殺念慮）。ある面接戦略が他よりも優れているという特定の比較データはないのだが、このアプローチは青少年に脅威を与えず、明確で、もっとも信頼できる情報を得ることができるとシアは主張する。どのようなアプローチを取るにせよ、青少年の現在の状態と、近い将来に起こり得る状態について、面接結果をもとにして評価することが重要である。

　精神保健の専門家は、完全に自殺に特定した面接を実施することに焦点を当て続ける必要がある。自殺について質問されても、漠然とした、はっきりしない反応しかしない青少年がいたとしても、おそらく驚くべきではないだろう。「あなたはこの数週間のうちに自殺について考えたことがありますか？」といった最初の質問に対して、青少年は「別に」などと答えるかもしれない。さらに質問をしていかなければ、「別に」が何を意味しているのか理解できない。このような最初の質問は、少し形を変えて、少なくとも三回は尋ねてみることを勧める。そして、「別に」といった反応に対しては、「別にですか？」「それについてもう少し話してくれますか？」「あなたが経験した死、近い将来自分が死ぬかもしれないこと、自殺についての考えを私に話してくれませんか？」「私が自殺について質問したら、あなたは『別に』と答えました。その答えを聞いて、あなたが自殺について考えているのではないだろうかと私は思いました」といった質問をしていく。

臨床上の注意点

自殺念慮について調べようとしたら、青少年の反応が「別に」といったものであった。臨床家は次のように応えることができる。


「別にですか？」

「それについてもう少し話してくれますか？」

「あなたが経験した死、近い将来自分が死ぬかもしれないこと、自殺についての考えを私に話してくれませんか」

「私が自殺について質問したら、あなたは『別に』と答えました。その答えを聞いて、あなたが自殺について考えているのではないだろうかと私は思いました」

これはデリケートであったり、デリケートになる可能性があったりする話題すべての面接に当てはまり、自殺に特定された面接に独特なものではないのだが、精神保健の専門家はこの種の質問を平静な気持ちで口にできなければならない。ある意味で、精神保健の専門家は、質問や非言語的なコミュニケーションを通じて、このような難しい件について話しても構わないし、それが可能であることを患者に示すことができなければならない。

臨床上の注意点

精神保健の専門家は、質問や非言語的なコミュニケーションを通じて、このような難しい件について話しても構わないし、それが可能であることを患者に示すことができなければならない。

もしも精神保健の専門家が自殺について質問したり、自殺の危険について面接したりすることに不安を感じているならば、他の専門家にコンサルテーションを求めたり、脱感作のために同僚を相手にして面接のロールプレイをしたりすると役立つかもしれない。この種の質問をする臨床経験を積んでいくと、徐々に不安は減っていくだろう。

質問の例

デリケートな話題を青少年と話しあっている時には、入りやすい質問から始めて、青少年の問題がけっして異常ではないことを強調すると役立つかもしれない。たとえば、面接者が希死念慮や自殺念慮について最初の質問をする時に、「青少年がひどく落ちこむと、『私なんか生まれてこなければよかった』とか『死んだ方がましだ』などと思うことがあります。あなたもそのように考えたことがありますか?」などと話しかけてみる。質問の前に、他の青少年についての情報を伝えて、そのような考えは気分が沈んだ時の典型的、あるいは予想される反応であると伝えて、現在の問題を解決するのが難しい状況の結果として感じている恥辱感を減らそうと、面接者は間接的に伝えているのだ。自分の感情がけっして異常ではないと知らされると、青少年は安心するのだが、自殺が受け入れられるとか、問題に必死で闘っている青少年がよく選択する解決手段だとかいったメッセージを面接者は示唆しな

自殺について尋ねるべき質問の例

- 「あなたがそれほど落ちこんでいたならば、死ぬことを考えたり、いっそ死んでしまいたいと思ったことがあるのではないでしょうか?」
- 「あなたは気分が本当に落ちこんでいるようですね。ひどく落ちこんで、自分を傷つけたいと考えたことがどれくらいありますか?」

- 「あなたは自分の死を心に描いたことがありますか？」
- 「あなたはひどく落ちこんだり、苦痛を感じて、自殺について考えたことがどれくらいありますか？」
- 「あなたは自殺の衝動を覚えることがありますか？　これまでに何回くらいその衝動を覚えたり、いつ（どこで、どのような状況で）この衝動がもっとも強かったでしょうか？」
- 「あなたはどのくらいの期間自殺について考えていますか？　それを心から払い除けるのはどれくらい難しいですか？」
- 「どのようにして自殺するか考えたことがありますか？」
- 「どのような考えや計画がありますか？」
- 「この計画を実行しようとしたことがありますか？」臨床家はさらに深く質問を続けていく。たとえば、その計画が過量服薬に関連しているならば、「あなたは薬の瓶を取り出したことがありますか？」などと質問する。
- 「あなたの一部が死にたいと思っているのですか？」
- 「あなたには死ぬ意思がありますか？」

いように注意すべきである。臨床家は、自殺について話しあっても一向に構わないという点も伝えるべきである。臨床家が死や死ぬことについての導入の質問をしたら、次に、自殺念慮や自殺行動に関する直接的な質問に移っていかなければならない。

自記式質問紙

自記式の尺度を用いるほうが、自殺念慮や過去の自殺行動について打ち明けやすいという青少年もいるだろう。そのような尺度はあくまでも「道具」であって、臨床面接の代わりにはならないのだが、臨床家と青少年の面接を補強する役を果たすこともあるだろう。第2章で解説したように、青少年は、成人の面接者に対してよりも、評価尺度を用いた方がデリケートな思考や行動を報告しやすいという傾向がある（Pealer, Weiler, Pigg, Miller, & Dorman, 2001）。臨床家の主な課題は以下のようなものである。（1）青少年が面接の場を去るまでに、その反応について検討する。（2）青少年が表した自殺念慮や自殺行動に関連するいかなる言葉もフォローアップする。（3）評価尺度の評点と臨床面接の間に差を認めたら、それを明らかにする。

臨床上の注意点

青少年の自殺念慮や自殺行動を評価する自記式の質問紙は臨床面接を補足する「道具」である。これらの方法を用いる際の、臨床家の主な課題とは以下のようなものである。

- 青少年が面接の場を去るまでに、その反応について検討する。
- 青少年が表した言葉をフォローアップする。
- 評価尺度の評点と臨床面接の間の差について明らかにする。

青少年版自殺念慮質問紙（Suicidal Ideation Questionnaire-Junior: SIQ-JR; Reynolds, 1987）は有用な自記式の評価尺度であるだろう。これは、第3章で解説したように、青少年では優れた心理検査的特性を示す。一五項目から成り、理解しやすく、二、三分間で回答できる。ＳＩＱ-ＪＲは入院後六カ月間の自殺念慮と自殺企図についての予測妥当性が証明されているが（Huth-Bocks et al., 2007; King, Hovey, Brand, & Ghaziuddin, 1997）、精神科入院患者の男子と女子のより大きな対象に関する最近の分析によると、この尺度の予測妥当性は女子だけに当てはまるものかもしれない（King et al., 2012）。とくに男子では、ＳＩＱ-ＪＲで自殺念慮を表明していないからと言って、かならずしも自殺行動の危険がないというわけではない。

青少年が待合室で自分の面接の順番を待っている間や、臨床家が親と面接している間に、クリップボードに挟んだ他の質問紙とともに、ＳＩＱ-ＪＲに回答してもらう。この代わりに、実際の面接中に回答してもらうことも簡単にできる。治療同盟を築くことを妨げないように慎重に行えば、このアプローチによって臨床家は、青少年に評価尺度に回答を求める前に、評価の状況を整えることができる。最後に、ＳＩＱ－ＪＲには自殺未遂歴に関する質問が含まれていないので、臨床家は青少年がこれまでに自殺行動に及んだことがあるかを確かめるために一連の質問をし、もしもそのようなことがあったならば、自殺行動のタイプやそれが起きた状況について明らかにしていく。

同様に、ベック自殺念慮尺度（Beck Scale for Suicide Ideation: BSS; Beck, Steer, & Ranieri, 1988）、ベック絶望感尺度（Beck Hopelessness Scale: BHS; Beck & Steer, 1988; Beck, Weissman, Lester, & Trexler, 1974）を使うことも検討する。これらの尺度は青少年に対して用いた場合に、良好な心理検査的特性を示す（Steer et al., 1993a, 1993b）。ＢＳＳは半構造化面接に基づく二一項目から成り、回答に約五分間かかる。ＢＳＳは積極的そして受動的自殺念慮の両方を測定する能力があるという意味で独特である。この尺度を用いた被験者は、臨床家の評価よりも深刻な自殺念慮を報告したのだが、こちらのほうが自殺念慮の測定について、より完全で正確であることを示唆しているのかもしれない。

ＢＨＳは正誤の二〇項目から成り、将来に対する否定的な予想を評価する。回答には約二～五分間かかり、心理検査的特性も優れている（Goldston, 2003）。ＢＳＳに比較して、ＢＨＳのほうが青少年に対してより広く用いられる。治療から脱落した青少年の方が高い評点を示す（Brent et al., 1998）。この尺度は、自殺未遂歴のある青少年が将来再び自殺企図に及ぶ可能性を予測することも明らかにされてきた（Goldston et al., 2001）。ＢＳＳとＢＨＳはともに比較的使用しやすく、解釈も容易である。ＳＩＱ－ＪＲと同様に、ＢＳＳやＢＨＳは自殺未遂歴に関して、臨床家による面接の補助とすべきである。

精神機能評価

青少年を観察することは、包括的危険評価の重要な部分である。精神機能評価（mental status examination）は、青少年との相互交流や青少年についての観察に基づいている。以下に解説するように、精神機能評価は青少年と最初に接触した時からまさに始まるのだが、その後もしばしば繰り返され、時間的経過による青少年の変化も観察していく。以下に、精神機能評価の例を挙げ、この情報を危険評価の過程に関連づけていく。

外見

青少年の外見は、その人の機能、アイデンティティ、社会状況などのレベルを表す情報を示していると言えるだろう。服装のスタイル、衛生状態、身だしなみ、宝石、タトゥー、傷（例自傷や薬物乱用の証拠）、体重、体臭などといった外見を観察する。どのような服装をしているかを観察することによって、所属している仲間のグループ、アイデンティティ、自己表現の方法などがわかるだろう。どこか尋常ではない外見を呈している青少年は、いじめを受けていたり、仲間から拒絶されていたりする危険が高いかもしれない。その外見を時間をかけて慎重に観察することによって、青少年の気分や機能について補足的な鍵を得られるかもしれない。たとえば、いつもは小ざっぱりした清潔な服装をしている青少年が、身だしなみにも構わずに予約時間にやって来たとするならば、その変化は無快感症、倦怠感、その他のうつ病の症状を表しているのかもしれない。外見の変化からだけで結論を下さないように注意すべきなのだが、他の情報源とも照らし合わせて、気づかれた変化を慎重に評価すべきである。

精神機能評価の要素

- 外見
- 行動と態度
- 運動機能
- 話しぶりと言語
- 気分／感情
- 思考と認知
- 病識と判断力
- 認知機能

臨床上の注意点

外見に注意を払わなくなっていることはうつ病の結果かもしれず、これは自殺行動や自殺の危険因子である。

行動と態度

行動の評価は、青少年に出会った瞬間から始まる。外来の場では、待合室にいる青少年の患者の行動を観察することが重要である。たとえば、青少年は体を丸めて縮こまっているか、横になっているか、あるいは、親しげだがせわしなく話しているだろうか？ 青少年は面接者とすぐに気楽に話し始めるだろうか？ 親に対して反抗的な態度を取り、イライラしているだろうか？ 何らかの行動面での妨害があると、臨床家の危険の定式化に影響を及ぼす可能性がある。たとえば、「診察中、患者は両親に対して反抗的で、『くそったれ』と罵《ののし》り、何度も母親の言葉を遮った」ことに救急部で臨床家が気づいたら、これは気分の障害の証拠（焦燥感）かもしれないし、親子関係の問題を示しているかもしれないし、あるいは、深刻な衝動性を示す証拠であるのかもしれない。危険の特徴と傾向を知り、そして安全計画を立てるうえで、これらの可能性の一つひとつを検討することは重要である。それとは対照的に、容易く助けを求めようとする青少年は、協力的かつ友好的であり、両親とのコミュニケーションもよく取れているように見えて、急性の危険が低いかもしれない。さらに、このように観察した結果、治療の場の決定を下し、外来治療で親が十分に子どもの安全を見守ることができると判断されるかもしれない。

運動機能

青少年の活動の程度、運動の頻度、常同症、そして、チック、振せん、姿勢といった異常な運動について観察すべきである。精神運動制止や焦燥感は重症のうつ病を示しているかもしれないし、同様に、運動面での焦燥や過活動性は注意欠如多動性障害（attentiondeficit/hyperactivity disorder: ADHD）や躁病エピソードの兆候かもしれない。物質乱用や他者への攻撃性といった衝動性が高まっている客観的な証拠も、自殺の危険評価には重要である。

言語

言語の調子、リズム、響きについても、一般的に精神機能評価において検討される。青少年が敵意に満ちて、焦った調子で、早口で話していると、臨床家はこの問題が青少年の危険のレベルが高まっている可能性はないかと注意して、検討するだろう。もしも、青少年がまとまりなく、呂律《ろれつ》が回らないような話し方をするならば、違法薬物を使用していないかとか、身体医学的な検索が必要かもしれない。この行動が以前と比べて変化していないか、親に確認することが重要である。もしもこれが「いつもの」話し方であるならば、これが最近の変化として臨床的にみなす必要はないかもしれない。

臨床上の注意点

言語や運動の様子について評価する際には、青少年の親から補足の情報を収集する。たとえば、「あなたの娘さんがひどく早口で話すことに、私は気づきました。これは彼女のいつもの話し方ですか、それとも最近の変化ですか？」などと親に質問する。

気分／感情

気分とは、患者が表現した主観的な感情状態である。青少年の現在の気分についての情報を引き出すには、単に「あなたはどのような気分ですか？」とか「平均してみると、あなたはこの一週間の気分をどのように説明しますか？」などと尋ねればよい。自分の気分を言葉で表現するのが難しく、あまりよく説明できない青少年もいる。そこで、多肢選択式の質問（例「今週あなたは気分が沈んでいましたか、それとも、まずまずでしたか、あるいは結構幸せでしたか？」）をしたり、気分を1から10の尺度で点数をつけるように指示することが役立つだろう。とくに青少年がひどく気分が沈み、不安で、絶望感が強いと訴える時には、自殺の危険の可能性が高まっている。

一般的に、感情とは、患者の気分状態について臨床家が客観的にとらえたことを指している。感情を評価する際に、青少年の非言語的コミュニケーションや、観察される気分の状態と患者が言葉で報告する気分の状態が一致しているかという点についてとくに注意を払う。青少年はさまざまな気分の反応を呈しているだろうか、それとも、感情が鈍磨しているように見えるだろうか？　恐怖に満ちているだろうか？　急性の危険を判定するうえで、苦悩や焦燥感の現在のレベルが非常に参考になる。

思考と認知

思考の内容とは、青少年が述べる情報について指し、自殺や殺人についての考え、妄想、重要な話題、会話の内容などが含まれる。妄想的思考の兆候を示す青少年は、精神状態の変化のために危険が高まっているかもしれない。未来志向性の思考は、肯定的な兆候の可能性としてとらえることができるだろう。

患者の思考の構成とは、精神機能評価の思考の過程で表される。青少年の思考の過程は論理的で目標に向けられたものかもしれないし、あるいは、障害されたものであるかもしれない。ほとんどの青少年が首尾一貫した思考の過程を示すが、もしも青少年が筋道立った話が常にできないのであれば、中毒、身体医学的問題、精神病、躁病などの可能性がある。このような青少年は現実検討力が障害されていて、自殺の危険が高まっているかもしれない。

幻聴や幻視といった認知の障害を呈している青少年は、精神障害の診断にしばしば該当し、自殺の危険も高まっている。認知の障害を示す客観的証拠としては、青少年が内的刺激に反応していたり（例他者には見えないものを探そうとしていたり、何かが聞こえるかのように頭を動かしたりする)、幻覚体験を訴えたりすることなどがある。患者の現状認識に問題がある場合には、自殺の危険が高まっている可能性がある。自傷を強いるような命令性の幻覚はとくに注意を払うべきである。

病識と判断力

病識とは、青少年が自分の状態について理解している程度を部分的には示唆している。病識がきわめて良好な青少年もいる。彼らは診断や危険の特徴が自分に及ぼす影響についてわかっていて、治療が必要なことも理解している。一方、病識がほとんどなく、治療や評価を受けるのを拒否しようとする青少年もいる。病識は発達の程度によって異なる可能性があり、若年の青少年では抽象的に考えられず、自己認識も乏しい傾向がある。

判断力とは、患者がある状況においていかに妥当に反応できるかを示している。良好な判断力とは、合理的な人物が同様の状況で行うであろうことを基準にして、健全で論理的な決断が下せることを指す。病識と同様に、判断力は臨床面接において患者の話を傾聴することによって評価できる。青少年が毎日のストレスに満ちた問題をどのように解決しているかという点について注意を払っていくと、臨床家は青少年の判断力を評価できる。ストレスに満ちた人生の出来事に直面した際に、判断力が限られていたり、肯定的な対処法といった、可能な選択肢の範囲をとらえる能力が減弱していたりするのは、自殺行動の危険が高まっている可能性がある。

臨床上の注意点

ストレス下における青少年の判断力や行動は、非常に多くの情報をもたらす。判断力が低下していたり、肯定的な対処法といった、可能性のある選択肢の範囲をとらえる能力が落ちていると、ストレスが増すと青少年の自殺の危険はさらに高まってしまうだろう。

認知機能

青少年の見当識、意識のレベル、記憶、集中力、知識の量について臨床家が観察していくと、患者が現在呈している中毒、学習、注意、真の認知の制限による機能障害の可能性に関する情報が得られる。このような領域に問題があると、学業のストレスや問題解決能力の低下の可能性が存在することを示しているのかもしれない。

情報を総合して、危険を定式化する

危険の定式化を行うにあたって、危険因子と保護因子についての入手可能なすべての情報を考慮する（第2章）。とくに急性の危険を判断するうえで、（1）現在の自殺念慮、自殺衝動、自殺行動、（2）現在の精神機能といった重要な因子を考慮する。完全な危険評価を行ったとしても、どの青少年が自殺未遂や既遂自殺に及ぶか、そしていつそのような行為に及ぶかということを正確に予測するのはかならずしも常に可能である訳ではないということを忘れないでおくことが重要である。

急性の危険や、自殺行動や自殺の可能性を予測するために、定まったひとつの方法などはない。次ページの欄に挙げたのはごく一般的なガイドラインに過ぎない。これとても、さまざまに異なる急性の危険を呈している青少年の状態を示す、多くの因子を組み合わせたリストの一部に過ぎない。さらに、経験的研究により複数の危険因子が明らかにされてきたものの、重度、中等度、軽度の急性の危険といった特定の範疇については、経験的に妥当性が示されたわけではない。自殺予防の専門家を含めて、さまざまな精神保健の専門家は、異なる状況において、これらの範疇を分類することだろう。

このような例は、自殺の危険の評価と管理（Assessing and Managing Suicide Risk: AMSR）研修カリキュラムを参考とし、発展してきたものである（Suicide Prevention Resource Center, 2008, p.50）。このカリキュラムでは、重度の急性の危険を次のように定義している。「最近、死に至る可能性が高い自殺未遂に及んだか、あるいは、自殺を準備する行動に及んだ人は、自殺の急性の危険が重度である」。

付録G「SAFE-Tカード」を活用して、臨床家は包括的な危険評価、定式化、治療の場の計画

急性の危険の程度

重度の急性の危険

- 自殺の意図（いかなる程度の意図も）と特定の方法による自殺の計画
- 自殺の意図（いかなる程度の意図も）と準備行動（銃、窒息するための方法を手に入れる）
- 自殺念慮、複数回の自殺未遂歴、極度の絶望感と衝動性、アルコールの中毒
- 慢性で極度の自殺念慮、（自傷を命令する）幻聴、手段を入手している

このような点が明らかで、多くの因子が組み合わさっている場合に、重度の急性の危険と定義する。自傷の危険はごく近い将来起こり得る。

中等度の急性の危険

- 慢性の自殺念慮と複数回の自殺未遂歴
- 双極性障害に衝動性が高まった時期を認め、自傷の可能性がある
- 一回の自殺未遂歴と現在の大うつ病エピソード
- 物質使用障害、ストレス対処が困難、否定的な感情と極度の絶望感

軽度の急性の危険

（注：これは急性の危険がかならずしもないという意味ではない。自殺の意図や自殺の計画についての客観的な証拠がないという意味である）

- 慢性の、軽度の自殺念慮（時々自殺について考えるものの、実際の計画や意図はない）とうつ病
- 双極性障害、大うつ病、物質使用障害、パニック障害、PTSDといった第Ⅰ軸診断がひとつ該当
- 一年前に自殺未遂を認めたものの、現在第Ⅰ軸診断はなく、絶望感、焦燥感、衝動性も現在は高まっていない

を考えるのに役立てることができる。具体的には、（1）危険因子を同定する。（2）保護因子を同定する。（3）自殺念慮、自殺行動、自殺の意図を探る。（4）自殺の危険の程度と介入法を決定する。（5）記録する。SAFE-Tカードはダグラス・ジェイコブズ（Douglas Jacobs）医学博士が創り、その後、メンタルヘルス・スクリーニング社と自殺予防リソースセンターがさらに改良を加えていったものである。

とくに考慮すべき点——救急部における危険の評価と定式化

急性期治療の場において活動している臨床家は、とくに考慮すべきいくつかの独特な問題を抱えている。このような場では、青少年の危険がひどく高まっていて、急性の苦痛を抱えていることがしばしばある。こういった苦痛のために、青少年や親がはっきりとした包括的な情報を提供する能力が悪影響を受けていることもある。さらに、青少年がためらったり、入院させられるのではないかと恐れたりしているために、臨床家の面接に対する反応に影響が出てくるかもしれない。したがって、危険の評価と定式化にあたって、穏やかで、忍耐強く、系統的なアプローチが必要とされる。このようにするのが非常に難しいのは、臨床家がその青少年に会うのがこれが初めてであることが多いためである。そのために、青少年の現在の機能レベルと、元来の機能レベルを比較して、現在の危機を理解することが可能ではない。さらに事態を難しくしているのは、救急部における治療が一般の就業時間後に実施されていて、他の時間ならば得られる情報源にアクセスすることがきわめて限られているといったことである。

救急部は、精神保健の専門家が活動する中でもっとも慌ただしい場所であるかもしれない。比較的短時間という枠組みの中で、非常に重要な決断（例入院させるか、それとも帰宅させるか）をしばしば下さなければならない。時間が十分ではないというプレッシャーがあるにしても、安全こそが最重要課題となる。このような状況で危険の評価と定式化を実施するには多くの問題があるのだが、青少年や親の言葉を傾聴し、危険の評価と定式化のために系統的なアプローチをすることがとくに重要である。

救急部における危険評価に伴う問題点

- 患者や家族が危機に陥っているかもしれない。
- 臨床家と患者の間に、まだラポールが築かれていない。
- 臨床家は、患者の元来の機能水準や最近の様子についての状況を知らないし、情報がない。
- 評価をするのに限られた時間しかない。

急性の自殺の危険で入院となった青少年について考慮すべき点

第一に、青少年が救急部に受診した時と、危険の定式化が完了した時では、急性の危険の程度が変わっているかもしれない点に注目するのが重要である。これがとくに当てはまるのは、危険評価の面接で、ストレスが除去され、ラポールが築かれ、臨床家による評価や対話が治療的な効果を表した場合である。たとえば、青少年の経験について共感に富んで耳を傾け、承認し、生きている意味を探り、安全計画や危機対処計画（第5章参照）を協力して立てることなどが、急性の危険のレベルを下げるのに十分であるかもしれない。しかし、青少年の急性の自殺の危険が高いままであるならば、安全を図り、拘束がもっとも少ない治療の場についての決断を下す必要がある。地域で利用可能な資源にもよるが、青少年は、精神科入院、部分入院、デイプログラム、外来精神科治療のいずれかに紹介されることになるだろう。入院の決定に際して、精神科治療に関する州の法律に則しているかという点について十分に考慮する必要がある。州の精神保健に関する規定は実にさまざまである。親や後見人の同意がなければ、青少年を入院させられないという州もある。一方、緊急の場合には、医師の判断で入院の決定ができるという州もある。ほとんどの州の入院基準は、自傷他害という点に基づいたものである。したがって、精神保健の臨床家は、州の法律やその運用について熟知しておく必要がある。この情報が明らかでないならば、助言を与えてくれる、学校、病院、機関の弁護士や管理者と連絡を取るべきである。

急性の危険評価と定式化を慎重かつ正確に行うことは、入院治療が適切かどうかという点について結論を下すことに役立つ。残念なことに、いつ青少年を入院させるべきかという点に関して「リトマス試験」のような確固たる基準はない（入院に関する運用の基準やガイドラインについては第5章を参照）。前述したように、急性に自殺の危険が高まっている青少年が、自殺念慮や自殺の計画について話そうとしないかもしれない。たとえば、ジョニーは両親に連れられて、救急部を受診してきた。ジョニーは自殺念慮を否定するのだが、「生きている理由がわからないし、自殺の方法を実際に考えている」というメールを友人に送ったと、両親は語る。ジョニーは起床しようとせず、また酒を飲み始めた。この状況は、以前に自殺未遂に及んだ時と似ている。このような状況では、ジョニーが自殺念慮を打ち明けなかったとしても、入院治療の決定が妥当であるだろう。自殺の計画が打ち明けられても、入院治療が、患者の安全を保つ唯一の選択肢ではないといった他の状況もある。

急性のせん妄、活発な精神病症状、急性の中毒といった危険因子は、精神科入院の必要性を示唆し

危険が高まっている青少年を入院させる際に考慮すべき点

- 急性の危険のレベル
- もっとも安全かつ拘束がもっとも少ない治療の場
- 自傷他害の恐れに関連する州の精神保健の法律

ている（Martin & Volkmar, 2007）。同様に、攻撃的で焦燥感が強かったり、比較的開放的な環境では治療効果が上がらなかったりした青少年は、精神科入院治療が必要であるだろう。そして、青少年の親が危険と安全について考慮すべき点を理解し、積極的に安全計画に関与するようであれば、退院はより妥当な選択肢となるだろう。救急部で親が述べた言葉や行動のために、読者が親の責任を取る能力について疑問を感じたら、この点も考慮して結論を下す。親が環境を安全に保ち、致死性の手段を手に入りにくくすることができないのであれば、青少年が危険な方法を容易く手に入れられる環境に戻るのではなく、他の選択肢として、短期間の入院の必要性を考慮すべきだろう。

臨床上の注意点

青少年を自宅に連れ帰るのは安全ではないと親が感じている場合には、救急部から自宅に戻すのはあまり妥当な選択肢とは言えないだろう。救急部から自宅に戻すことを考える際には、親が責任を取ることについての状態、理解、能力を検討すべきである。

以上をまとめると、急性期治療の場で危険評価を実施する際には、臨床家は正確で妥当な情報を得ることに伴ういくつもの問題と直面しながら、入院か、あるいは自宅に戻すかといった決断を下さなければならない。このようなさまざまな難しい問題があるにしても、本章で述べてきたような系統的なアプローチがとくに重要である。

危険の定式化と計画についての記録とコミュニケーション

急性期入院治療か外来治療かといった治療の場にかかわらず、面接の知見を慎重に記録して、それをどのように他者に伝えるかというのは重要である。臨床的な視点からは、記録には次のような目的がある。(1)危険の定式化を行った臨床家のために質の高い自己評価となる。(2)患者を治療している(あるいは、将来治療を担当する)他の専門家に情報を伝える。(3)連絡を取ったところとの記録となる。**付録E「青少年の自殺の危険評価ワークシート」**は臨床家が記録をするための用紙である。

危険の評価や定式化を記録すると、収集した情報やそれを統合した点を再検討することになる。もしも関連の重要な情報を収集するのを怠っていたならば、この時点でその点について気づくだろう。危険の評価と定式化を実施して、それを記録するという、二段階の過程を経ることによって、面接の質とそれがいかに包括的なものであるかという点についてフィードバックされる。同様に重要なのは、他の医療従事者が与えられた情報から利益を得て、複数の人々の努力を調整することである。これは効果的な治療にはきわめて重要である。自殺の危険が高まっている青少年は、自殺念慮や自殺衝動を、ある治療者には打ち明けても、他の治療者には話さないかもしれない。情報を共有することによって、この知見の差を埋めて、危険の高い青少年を支える専門家たちの保護的で、よく理解したネットワークを築くことができる。同様に、タイムリーな情報の共有によって、青少年の治療に当たっている複数の専門家が、一貫した提案やフォローアップを協力して行うことができる。さらに、慎重かつ時機を逸することなく実施された記録は、私たちが必要な時にまた参考にできる優れた臨床記録としての役割も果たしてくれる。

法律的な視点から見ると、書面に記録されていなければ、臨床家が危険の評価や定式化を行った客観的証拠とは認められない。自殺が起きてしまった状況では、慎重な記録は医療過誤の訴訟を起こされる可能性を減らすだろう。適切な記録は、完全な医療費の償還にとってもきわめて重要である。

臨床上の注意点

法律的な視点から見ると、書面に記録されていなければ、臨床家が危険の評価や定式化を行った客観的証拠とは認められない。

いつ記録するか

自殺の危険が高まっている青少年との面接や評価セッションを終えたら、その直後に記録すべきである（二四時間以内、早ければ早いほど望ましい）。包括的な危険の評価と定式化をするための情報をすべて得られないだろうと思われる場合にも、できるだけ早く記録しておく。たとえば、青少年が診察室から逃げ出してしまい、追加の質問に答えるのを拒否したような場合である。あるいは、以前の治療者から、または、青少年が最近まで入院していた病棟から、重要な書類が届くのを待っているような場合も同様である。おそらく、読者は精神機能評価の重要な部分を実施しなかったり、患者が診察室から去った後に何かが起きたのではないかとか、何かを聞き忘れたのではないかといった嫌な予感がしているかもしれない。しかし、私たちはその時点で得た最善の情報を記録しておかなければならない。入手できる情報を統合し、定式化を行い、行動計画を編み出すことが重要であるのだ。追加の情報を得たら、あらためて記録し（すべての記録には日時を付け加えておく）、新たな情報と行動計画をその都度記録していく。

何を記録するか

記録の内容は、危険を評価し、情報を慎重に統合し、危険の定式化を行ったことを明らかにしておく。（「行動計画」についての追加の情報は第5章で解説してある。）記録には少なくとも次の二つの主要な要素が含まれている必要がある。（1）危険因子と保護因子についての情報、（2）定式化（危険の評価の情報を統合したものに基づいた、急性の危険のレベルに関する判断とその根拠）。危険因子と保護因子を挙げて、行動計画（例安全計画と継続的な外来治療）を記録しただけでは十分ではない。自殺の危険の評価と定式化についての記録は、完全な評価と面接記録の一要素とみなされる。

記録法はいくつかの形式に沿うようになっているかもしれない。たとえば、読者が勤務しているクリニックや機関では記録する情報のタイプ別に区分けされている用紙があるかもしれない（例危険因子、保護因子、定式化、行動計画）。次のページに示すように、自由記述の欄に書きこむようになっていたり、文章や段落で書くのではなく、自分で見出しを付けて箇条書きにするようになっていたりするかもしれない。いずれにしても重要であるのは、その内容である。

記録の一例

サラには自殺行動の危険因子がいくつか認められた。最近では双極II型障害の診断基準を満たしていて、時々、飲酒し、「飲みすぎる」ことがあり、明らかな性的虐待の既往を認めた。一年前に自殺未遂に及んだ（約一二錠のアスピリンを服用）。さらに、最近の自殺念慮や自殺衝動を評価したところ、週に一～二回、漠然と自殺について考えていることをほのめかした。しかし、この数カ月間、自殺の意図はなく、自殺について考えたこともないと述べた。彼女は自分は大丈夫で、「飲みすぎる」のは「友達と一緒の時だけ」であり、否定的な気分や自殺念慮とは関係がないと言った。精神機能評価では、彼女の思考は明晰で、一貫しており、妄想は認めず、この時点で他の選択肢を考慮したり、問題を解決することが可能であった。感情的に圧倒されていないことが示された。これらの肯定的な指標と彼女の語る他者との良好な絆に加えて、個人的な苦悩について率直に語る態度や治療への関心は彼女の力強さを示していて、現在は数カ月にわたって自殺念慮を抱いておらず、この時点では軽度から中等度の危険であると判定された。したがって、彼女に対する治療計画は、この時点では週二回の外来における治療とし、自殺の危険の状態を頻繁にモニターすることとなった。

危険の定式化と計画について他者に伝え、それを共有する

青少年の危険を判定したら、危険の性質に関する情報を、青少年の人生におけるキーパーソンや他の治療者と共有することが重要である。包括的危険評価を行い、その青少年がより集中的な治療（例救急部、精神科入院施設への収容）に紹介する必要があると判断されたならば、電話、（親の同意を得たうえで）紹介状、あるいはその両方で、臨床家は紹介のための調整をすることを強く勧められる。これがとくに重要であるのは、紹介元の臨床家がその青少年をかなりの期間よく知っていて、元来の機能水準について必要とされる情報を、救急部や入院治療チームに提供できる場合である。

危険の高い青少年が外来治療で何とか管理できている場合には、良好なコミュニケーションと協力体制によって、家族と他の専門家たちは、十分な注意を払って、安全計画に積極的に加わることが可能になる（第5章参照）。臨床家も、青少年の危険の状態の変化に注意を払うことができる。情報を共有する前に、情報の開示について親や後見人の同意を取っておくことが重要である。その情報は、かかりつけ医、学校ソーシャルワーカー、他の機関の担当のセラピストや精神科医と共有することが重要であるかもしれない。

危険の定式化について青少年のかかりつけ医に最近のメモのコピーを送って情報を共有することも可能であるのだが、電話や会話がしばしば役に立つ。そういったコミュニケーションは時間がかかるかもしれないが、もしもそれが可能であるならば、治療に対して貴重な意味を付け加えるだろう。かかりつけ医は家族のことをよく知っていて、現在進行中の危険の評価の際に、臨床家の補佐をしてくれることができるかもしれない。かかりつけ医にも、青少年を診察する度に、自殺念慮について質問

してもらって、危険評価の過程に引き続き協力して、青少年の危険の状態と関連するかもしれない追加の情報を読者と共有するようにしてもらう。

青少年の治療の際に、セラピストと精神科医がかならずしも同じ機関や診療所で働いているわけではない。そこで、他の治療者と情報を交換することがしばしば必要である。青少年、親、後見人の許可を得て、危険が高まっている時にはとくに、評価や治療計画について電話や書面で情報を交換する。青少年はある特定の人に対してだけに自殺念慮についての情報を打ち明けていることがあるかもしれない。危険のレベルを決定する情報を共有することで、治療に関与している人々が十分に情報を得て、治療計画や実際の治療において協力することができる。

学校とのコミュニケーションも役立つ。学校ソーシャルワーカーやカウンセラーは、危険の評価の参考となる、青少年の行動、学業成績、仲間との関係、全般的な精神機能などについてしばしば長期間の情報を持っている。さらに、学校で何らかの心配な点が認められて、学校の関係者は青少年の安全について不安を感じているかもしれない。危険の評価について学校に伝えて、この過程における役割や特定の目標を学校に与えると、治療方針を理解して、彼らの不安感はしばしば減っていくようである。効率的に学校に働きかけていく戦略に関しては第6章でさらに情報を提供する。

連絡を取らなければならないもっとも重要な人というのは親や後見人である。危険に関して親や後見人と率直なコミュニケーションを持つことは不可欠である。この話題は第6章で詳しく解説する。親は一般に青少年ともっとも多く接しているので、現在進行形の危険の評価やモニタリングにはきわめて重要な役割を果たす。入院病棟からの退院、救急部から自宅に戻すとか外来治療に移すかといった、治療の場の選択にとっても、親とコミュニケーションを取って、協力することが不可欠である。

こういったコミュニケーションは、親と危険兆候についての情報を共有したり、安全な自宅の環境を整えたり、子どものサポートを増したりすることによって、自殺の危険やケアマネジメントについて教育する機会とすることができる。残念ながら、多くの親は子どもが精神保健の場や精神医学的評価を終えた時点で、「子どもをよく見守るように」と言われた経験があるものの、具体的に何を見守るのか、どのように子どもを支えるのかわからずに、不安が増している。

治療を受けている最中には、治療者が青少年の危険やその原因となる要因について現在どのように理解しているのかを、親に対して常に伝えるべきである。たとえば、うつ病と違法薬物の使用に何らかの関連があるならば、親はこの点に注意して、臨床家と協力して青少年の幸福のためにこの点をモニターしていくことができる。この過程において親に何ができるかという点について教育すると、親は一般的に感謝するものである。

結論

本章では、危険の評価と定式化の基本原則を総説した。とくに、全般的アプローチ、自殺に焦点を当てた臨床面接を実施する際のガイドライン、自記式質問紙の補足的役割などについて強調した。急性期治療の場におけるさまざまな問題点を考察するとともに、入院の決定に影響を及ぼす要因についても取り上げた。さらに、記録の例と良好なコミュニケーションについても解説した。

第5章
介入計画とケアマネジメント

章の目的

- 介入計画の三要素について解説する。
  - 安全のための緊急介入
  - 支持、集中的なモニタリング、効果的な対処能力の改善を目的とした短期介入
  - 現時点の自殺の危険、精神障害、心理社会的問題に対する治療
- 危険の評価を繰り返し行う重要性について解説する。
- 紹介先へのフォローアップや予約を守らないことの意味について解説する。
- 生涯教育、コンサルテーション、同僚からのサポートの意義について考察する。

本章では、自殺の危険の高い青少年に対する介入計画の初期の要素について解説する。自殺念慮や自殺行動にとくに焦点を当てた緊急介入と短期介入の重要性や、第Ⅰ軸精神障害やいじめや親子間の深刻な葛藤といった他の問題などの自殺の危険に対する現在進行形の治療について強調しながら、解説していく。繰り返し危険評価を行うことの重要性、他の治療者への紹介についてのフォローアップ、患者が予約を守らなかった際の対応についても取り上げる。さらに、自殺の危険の高い青少年を治療していくうえで参考になるような経験的なエビデンスがきわめて限られているために、自殺の危険の高い青少年やその家族に働きかけていくという臨床家の仕事はきわめてストレスに満ちたものとなりかねない。そこで、生涯教育の重要性が強調される。この点がとくに重要であるのは、いくつもの臨床研究が現在実施されていて、介入やケアマネジメントについての最善な方法に関する最新の情報が将来入手できる可能性があるからである。そこで、しばらくの間は、臨床家が既存のエビデンスを慎重に検討し、治療中の自殺の危険の高い個々の青少年にとって重要な結果を常にモニターし、個々の青少年の症状、病歴、周囲の状況を理解したうえで臨床的判断を下し、しばしばコンサルテーションを求めることを勧めたい。

自殺の危険が高い青少年に対する介入計画

自殺の危険が高い可能性のある青少年に対する介入計画の手引きとできるような確固とした科学的なエビデンスはないのだが、安全を確保するための優先順位や治療効果についての知識を活用することによって、個々の患者に合った介入計画をどのように立てるべきか重要な鍵が与えられる。これには、緊急介入、短期介入、診断を下された状態や現在進行中の心理社会的問題に対する治療が含まれる。

緊急の介入計画

緊急の介入計画とは、自殺の危険に気づいて二四～四八時間以内にただちに何をすべきかを定めることである。臨床家が考慮すべき重要な点としては、危険の評価や定式化に基づいて、入院が必要かどうかを判断する。第4章で解説したように、臨床家が「急性の重度の危険」と判断したら、入院を考慮すべきであり、それが適切である可能性が高い。米国児童思春期精神医学会（American Academy of Child and Adolescent Psychiatry: AACAP）が発表した「自殺行動を呈する児童思春期の評価と治療の実践指針」（Practice Parameter for the Assessment and Treatment of Children and Adolescents with Suicidal Behavior）（Shaffer & Pfeffer, 2001, p.38S）によると、自殺未遂後で「不安定な状態のために将来の行動が予測できず、少なくとも短期間は非常に危険が高い」場合には、青少年を精神科入院治療に導入することを勧めている。その指標として、精神病症状、現時点の中毒、複数の深刻な自殺未遂歴、臨床家との間に治療同盟がまだ築けないことなどが含まれる。自殺行動に及んだ青少年について病歴が十分に聴取できていなかったり、自宅では本人を見守ることができなかったり、自宅の環境を安全に保てなかったりする（例 銃を自宅から取り除いたり、薬を厳重に保管できない）ような場合には、この指針では入院の判断を支持している。指針にも述べられているように、「危険を予測する能力や家族に対する影響が限られていることを十分に認識して、慎重なアプローチを取ることが勧められる」（Shaffer & Pfeffer, 2001, p.

38S)。

自傷行為に及ぶ一六歳以下の青少年の臨床的ケアについて、英国の健康と優良な臨床のための国立研究所（National Institute for Health and Clinical Excellence: NICE）も、この年代の特別な必要性と脆弱性に関する指針を発表している（NICE, 2004）。この指針では、自傷とは、その目的や意図とは関係なく、自殺未遂や自分の身体に傷を負わせる非習慣的な行動（例過量服薬、自傷、自咬）を含む。AACAPの指針よりも慎重なアプローチを提唱し、自傷行為に及んだ青少年はすべて小児科病棟に一晩入院させて、臨床ケアチームが包括的危険評価を行い、治療計画を立てることを、この指針は勧めている。たとえば、青少年を保護する目的、その心身の健康、準備にかかる時間など（もちろん、これだけに限らないが）さまざまな因子によっては、より長期間の精神科入院といった他の選択肢についても考慮すべきであると、この指針では指摘している。さらに、子ども、思春期、家族に働きかける点についてとくに研修を受けていて、危険の評価に造詣が深く、経験豊富なコンサルタントに定期的にスーパービジョンを受けている臨床家を治療に関与させることの重要性についても指摘している。そして、AACAPの指針と同様に、NICEの指針でも、青少年の現在の問題だけでなく、家族、青少年の社会的機能、青少年の保護の問題などについて完全な評価が重要であることを強調している。

二つの指針の主な共通点は、青少年の発達や家族の問題なども考慮しつつ、包括的危険評価と定式化を行うことを強調していることである。これが外来クリニックや救急部でも可能であるならば、一晩入院するといったことは必要ないだろう。すなわち、自殺の計画や準備行動の気配がなく、急性の危険が軽度から中等度と臨床家が判定した場合には、緊急の介入計画に、入院は含まれないかもしれない。青少年にいくつかの重要な慢性的な自殺の危険因子が認められたとしても、このような判断が下されることがあるかもしれない。

自殺の危険を呈している青少年に入院の決定が下されなかった場合には、安全策として他の緊急介入が勧められる。たとえば、(1) 個々の患者に合わせた緊急時連絡カードを与える(次のページの例を参照)、(2) 危機対処計画(あるいは安全計画)を青少年と協力して作る、(3) 青少年と親や後見人との合同面接の機会を持ち、自殺の危険が高まっている可能性のある「赤信号」について話しあったり、サポートや安全のモニターのための緊急計画を立てたり、致死性の高い手段が手に入りにくくすることの重要性について教育したりする。以下で考察するように、青少年や親と別個に会って、このような件を話しあうほうがよい場合もあるだろう。

安全のための緊急介入

- 入院について考える(急性の危険のレベルを確認する。包括的危険評価と定式化に基づいた臨床的判断を下す)
- 安全計画(危機対処計画)を立てる
- 緊急時連絡カードを青少年と親(後見人)に渡す
- 青少年と親に同時に面接する

緊急時連絡カード

すべての臨床家が、独自の緊急時連絡カード（crisis contact card）を作っておいて、活用することを、私は勧める。カードを青少年と親（あるいは後見人）に渡しておき、その内容を説明し、どのような質問や不安についても時間をとって答えておく。自分の名刺の裏にこの情報を印刷したり、手書きしたりする臨床家もいれば、別のカードをこの目的で使う臨床家もいる。この緊急時連絡カードには以下のような情報を含めておく。

- ９１１（緊急電話番号）[*3]
- 地域の救急サービスセンターの住所と電話番号
- 1-800-273-TALK（8255）（自殺予防の電話相談）
- 臨床家の氏名と電話番号（電話連絡できる時間を明記）
- 親（あるいは後見人）の氏名と電話番号

診察室で、臨床家とともに、青少年が助けを求めたり、何らかの仲介役になってくれるような電話番号（例全国の危機対応電話相談）を考えてみたりすることも役に立つだろう。青少年が将来、このような電話をかける際の抵抗を減らしておくことに役立つかもしれない。

＊3――

わが国では、一一〇（警察）や一一九（消防）などに対応する、米国の緊急電話の番号である。

安全計画

安全計画（safety plan）とは、危機対処計画（crisis response plan）の一種で（Jobes, 2006; Rudd, Joiner, & Rajab, 2001）、自殺行動や自殺の危険が高まっているすべての年齢の人にとっての緊急介入として勧められる（Rudd et al., 2001; Stanley & Brown, 2008; Suicide Prevention Resource Center, 2008）。安全計画の主な目的は、臨床家と患者が協力して計画を立てて、患者が自殺念慮や自殺衝動を覚えた時に何ができるかを教えるのに役立つ（Rudd, Mandrusiak, & Joiner, 2006）。この計画は必要に応じて、自殺の危険の高い患者に対して現在行われている治療に統合していくことができるだろう（Jobes, 2006; Rudd et al., 2001; Stanley et al., 2009; Suicide Prevention Resource Center, 2008）。あるいは、スタンリーらが救急部における研究で述べたように、それ自体が介入として機能することもあるだろう（Stanley & Brown, 2012）。

安全計画や危機対処計画の本質的な要素の有効性や、どの程度青少年がそれを使い、自殺行動を減らすことに有効であるのかを示すデータはないのだが、こういった計画には論理的・経験的な根拠がある。安全計画によって、青少年は自分に自殺の危険が迫る契機に気づき、さまざまな対処戦略を統合し、心理的苦痛、自殺念慮、自殺衝動に対処できるようになる。このような戦略は、自殺の危険の高い成人に対して、経験的に妥当性を証明されてきた心理療法、とくに認知行動療法（cognitive-behavioral therapy: CBT; Brown et al., 2005）や弁証法的行動療法（dialectical behavior therapy: DBT; Linehan et al., 2006）の中核的要素である。これらの戦略は、ロセラム−ボラスらが開発した自殺の危険の高い青少年に対する救急部における介入（Rotheram-Borus, Piacentini, Cantwell, Belin, & Song, 2000）の一要素でもあり、CBTの家族療法と自殺の危険に対する協力的評価と管理（Collaborative Assessment and Management of Suicidality: CAMS）を併用することによる結果の改善とも関連していた（Jobes, 2006）。そして、安全計画は、多分野からなる自殺予防の専門家のチームである臨床技術中核能力カリキュラム委員会によって推奨されている。この委員会は、自殺の危険の評価と管理（Assessing and Managing Suicide Risk: AMSR）を創出し、これは自殺予防リソースセンターによって全国に配布されている（sprc.org）。

私たちは、青少年のための安全計画にいくつもの要素を含めることを提案した。これらの要素は、全国的な研修カリキュラムを開発し、それを実施した自殺予防の専門家たちにも受け入れられて、彼らの提案した要素とも一致し（Suicide Prevention Resource Center, 2008）、大規模な臨床試験も実施された（Stanley et al., 2009; Stanley & Brown, 2008）。その要素とは以下のようなものである。（1）自傷や自殺の危険が高まる契機を一覧にする、（2）臨床家の助けを借りて、ブレインストーミングや指導されたうえで青少年が発見した対処法を一覧にする、（3）健康的なサポートをしてくれる人々の氏名や連絡先を一覧にする、（4）臨床家への連絡に関する情報、（5）緊急サービスなどの危機の際の電話番号、（6）（致死性の高い）自殺企図の手段を制限するという声明、（7）（本人が考える）「生きる意味」について記述する。そして、青少年と臨床家は安全計画に署名をし、親や後見人も署名する。

安全計画には、注意を他に逸らす戦略（青少年の場合、音楽、コンピュータ、テレビ、友人への電話、買物）を含め、そうすることによって、ごく短時間、苦痛に耐えて、問題から距離を置くことができるようになるだろう。安全計画には身体活動による対処戦略も含めておくとよいだろう。そうすることで、注意を他に逸らし、身体運動（例ジョギング、エアロビクス、自転車、ドライブ）に熱中し、個々人に合わせた認知療法的な対処となる。また、自分自身に対する話しかけ（例「私は来週の最終試験に合格すれば、気分がよくなるだろう」とか「私がこの問題を解決するのに、私のことを心配してくれて、手助けしてくれる人がいる」など）も含めるとよいだろう。スタンリーらによる安全計画では、（危険兆候に気づいたら）

努力して対処する第一歩として、自力で対処戦略を考えてみるように患者に指示するという（Stanley & Brown, 2012）。

安全計画を立てる過程は、青少年が、家族、友人、専門家との間のサポートシステムを利用するように働きかけるという利点もある。安全計画には、困った時に青少年を支えてくれると感じている二～四人の名前を書きこむ欄がある。ただし、安全計画にサポートしてくれる人の連絡先を含める際に、青少年の現在のサポートシステム自体がごく限られたものであるという障害がある可能性がある。さらに、前述した緊急時連絡カード（一五〇ページ）に含めた情報のように危機対処に関する情報も含めておき、自殺企図の手段を取り除いておくことの重要性についても書き加える。

表5-1は安全計画の一例である。臨床家は青少年と協力して、よく話しあい、個々の青少年に合った安全計画を立てる。この過程で、臨床家は青少年が安全計画を進んで使おうとするのか、あるいは、それを使うのを妨げているのは何かを見きわめる。多くの青少年は極度のストレス、自傷の衝動、自殺の契機に対処するいくつかの方法をすでに身につけている。もしもつい最近自殺企図に及んだことがあれば、臨床家は青少年が自殺企図の前になぜそのうちのひとつの戦略を使わなかったのか、サポートしてくれる人に連絡をしなかったのかについて話しあうことができる。協力的な過程を通じて、青少年が障害を減らしていき、将来、安全計画を使う可能性を増やしていくことを、臨床家は働きかけていく。未記入の**安全計画用紙**を**付録H**に挙げておいたので、活用してほしい。

表5-1　13歳のジェイソンの安全計画。彼は産みの親から身体的虐待を受け、今は里親と生活している。攻撃的行動、不安定な感情統御、大うつ病性障害を呈していた。

安全計画用紙

1. 自殺念慮や自傷行動のきっかけとなるのは何だろうか？　私の安全を守り、安全であり続けるために必要な段階を踏むには何に気づく必要があるのだろうか？

きっかけ：僕が本当にストレスを感じた時。

気づき：自分の部屋にこもって、誰とも話そうとしない時。

2. 自殺念慮や自傷の衝動といったきっかけに気づいた時私が取るべき段階

a. ヘッドフォンで音楽を聴いてリラックスしようとする

b. ジョギングなど何か身体を動かす

c. スポーツや映画を観て気を紛らわす

d. 何か対処を促す言葉を使う。「僕のことを心配してくれる親友たちがいる」「今日は具合が悪いけれど、おそらく明日はよくなるだろう」

e. 家族、友人、サポートをしてくれる人に連絡する

名前	電話番号
祖母	XXX-XXX-XXX
ジェレミー	XXX-XXX-XXX
マーク	XXX-XXX-XXX

f. 担当医、緊急サービス、救急部

緊急電話：911

地域の救急電話：XXX-XXX-XXX

担当医：XXX-XXX-XXX

（担当医に連絡できる時間）月～金　8:00am～5:00pm

自殺予防電話相談：1-800-273-TALK（8255）

g. 自分を傷つけるような方法を取り除いておく。方法が手に入らないように、家族やサポートしてくれる人に頼む。

3. 私にとって非常に重要で、生きる意味があること

友達と出歩くこと

弟と一緒にいてあげること

親と青少年の同席面接

青少年の安全を守るために親と協力する第一歩は、自殺の危険が高まっている点について親と率直に話しあうことから始まる。時には、自分の子どもが自殺念慮を抱いていたり、これまでにも自殺行動に及んだことがあることにまったく気づいていない親もいる（Klaus et al., 2009）。青少年がこの情報を臨床家に打ち明けたならば、親も子どもの自殺の危険について認識させることは臨床家の責任である。臨床家はこの危険の程度に関する判断を、親と共有することが重要である。はっきりとした、直接的なコミュニケーションであるべきである。危険が高まっていると結論を下した根拠や、現在は認められないものの、もしもそれが現れたら危険を増しかねない点についても、臨床家は情報を提供することができる。

あまりにも親子間の葛藤が強くて、子どもと一緒では親が話に耳を傾けられないといったような場合を除いて、親子同席の面接で自殺の危険が高まっていることについて話しあい、子どもに直接この点を伝えるように働きかけることを、私たちは勧める。もしも青少年がそうするのにひどく気まずい思いがしたり、そうすべきではない条件が揃っている場合には、臨床家が親にその情報を伝えて、その際に青少年にも同席してもらい、臨床家が話したことを明確にしたり、追加の情報を共有したりする機会を与える。このようなやり方で、他の人が話題を出した後の方が、青少年は話しやすいことも時折ある。しかし、たとえ親と個別に情報を共有した場合であっても、親子一緒に協力していく方が、自殺行動を予防するための安全計画について話しあい、それを効率よく実施するのに普通は効果的である。

自殺企図に使われる可能性のある危険な方法を手に入りにくくしておくことがいかに重要であるか

を親に話しておくことを、私たちは強く勧める。というのも、手段、一般に致死的な手段が手に入りやすいということは、従来から明らかにされている自殺の危険因子であるからだ。これは安全計画の一要素でもあるので、青少年の安全計画を話しあうときに、この点について取り上げておく。救急部において自殺手段を制限することの重要性について親に心理教育を実施することは、自宅でそのような手段を制限するという行動に親が関与することと関連している（Kruesi et al., 1999; McManus et al., 1997）。この話しあいは親と個別にすべきであって、子どもがうっかりこの話を聞いてしまい、自殺企図の方法についてヒントを与えたりしないように配慮する必要があるだろう。しかし、もしも青少年が自分自身の安全について親や臨床家と協力して取り組んでいこうとしているのであれば、薬物や剃刀といった自殺企図に用いる可能性のある方法を取り除くことについて子どもと話しあうのは効果的かもしれない。急性の自殺の危機の際に手段が前もって手に入りにくくしておくことは、安全を確保することになるだろう。もしも時間に余裕があって、自殺企図の方法について取り上げるのに複雑な段階を踏むことができるならば、急性の自殺の危険が高まっている青少年は冷静さを取り戻し、考えを変えるかもしれない。少年が首に縄を結び、自分が立っている椅子を今まさに蹴ろうしていた例について、ある同僚は語った。突然、携帯電話が鳴って、少年はそれに応えることにした。友人と話した後、その少年は自殺しようという考えを変えて、縄をほどいた。この例は自殺の危機が一過性であるという特徴や、致死性の手段を制限することがもたらす予防的な効果の可能性をよく表している。

危険が高まっている可能性を示す兆候についての情報を親に提供しておくべきである。自殺の危険兆候についての資料を親に渡しておき、これらの危険兆候を一緒に話しあっておくことを勧める（付録Ⅰ「**親に説明するための自殺の危険兆候**」参照）。これらの兆候をモニターすることに加えて、親が子どもの気分と自殺念慮をモニターできるようにしておく。この場合，どのようにして親が子どもに気分や自殺について質問するのか，臨床家は親に対して具体的な助言をしておく。子どもが1から10の尺度でどのような気分であり，その時間的な変化について，親がモニターできるようにしておくとよいだろう。選択型の質問で始めて，徐々に自由な会話にしていくと，多くの青少年は親からこの種の質問をされるのを徐々に受け入れていく。「今日の気分はどう？」などと尋ねられると，青少年は親に対してぶっきらぼうに，あるいは自動的な反射のように「いいよ」などとぽつりと言うだけかもしれない。その同じ青少年が「0から10の尺度で，10がもっともうつが強くて，0はまったくうつではないとしたら，あなたの気分は何点ですか？」などと質問されると，ぶっきらぼうなままかもしれないが，より正確な反応をするかもしれない。

短期の介入計画

青少年が現在抱えている精神障害や心理社会的問題に対する現在進行中の治療を補足する目的として，自殺の危険にとくに焦点を当てた短期の介入計画が勧められる。短期の介入計画を勧める理由とは，自殺の危険の高い青少年によく認められる精神障害や関連する問題を対象とした心理療法や薬物療法にはかならずしも即効性がないからである。たとえば，CBTは一回の面接ごとに治療効果が評価されるわけではないし（Brown et al., 2008; David-Ferdon & Kaslow, 2008），うつ病の精神科薬物療法では，他の治療戦略を考慮する前に，適切な量の薬を最低四～六週間試みるというのが臨床指針である（AACAP, 1998）。アルコールや物質の乱用については，しばしば多くのモデルを組み合わせた治療法を長期に試みる必要がある（American Psychiatric Association, 2006）。そこで当面の間は、青少年が心理的苦痛を管理し、危険が高まっているストレスに満ちた状況を家族が対処できるように、積極的な段階を踏んでいく必要がある。

このような危険が高まっている時期では、より頻回にセッションを計画し、実施するというのが、一般の戦略である。私たちの参考になる経験的なエビデンスがあるわけではないが、このように頻繁に面接をすることによって、青少年やその親に重要なサポートの手を差し伸べることができるように思われる。さらに、このようにして現在進行形の危険を評価したり、薬物の副作用をチェックしたり、ストレスや苦悩を増すことと関連している現在の問題を積極的に解決したり、自殺行動の代わりの選択肢となるような対処スキルを育んだりすることができる。実際に、セッションの頻度を増すことによって、現時点での危険を頻繁にモニターできるだけではなく、いわば治療の「量」を増やすことができる。この時期におけるセッションでは、主として支持と積極的な問題解決に焦点を当てる。治療者は青少年に協力して、さまざまな戦略や選択肢の可能性を探っていく。自殺の危険の高い青少年はすっかり泥沼にはまりこんだように感じているのだが、（1）今の状況は一時的なものであると誰かから聞いたり、（2）他にいくつもの解決策があると知ったり、（3）誰かが問題解決に手を貸してくれたりすると、安心する。

この時期におけるもうひとつの広く用いられる戦略とは、自傷や自殺行動といった緊急事態を避けるために誰かと話す必要を感じた場合に、青少年やその親が治療者と直接連絡が取れるようにしておくことである。これは、「ひどく気分が落ちこんだ」「困惑した」「自殺したい気分だ」といった時に、連絡を取ることのできる人としてセラピストやカウンセラーの名前を安全計画に含めておくことと関連している。セラピストに四六時中連絡できるようにするのは非現実的であるが（そして、セラピストにとっても生活の質は重要である！）、青少年やその親は誰かにいつでも連絡ができるようにすべきである。理想的には、就業時間中は臨床家にいつでも連絡が取れて、その他の時間には緊急当番の誰かに連絡がつくというのが理想的である。きわめて自殺の危険が高い患者には、それが必要であって、慎重に状況を判断したうえで、臨床家の直接の電話番号（例携帯電話の番号）を教えておくことも考慮する。DBTで用いられている戦略に沿って、臨床家は「指導を受けるための電話」をかけることも患

短期の介入法

- いつもよりも頻繁にセッションを持つ
  - サポートを差し出す
  - 問題解決に関わる
  - 対処スキルを育む
  - 危険をモニターする
- 電話で臨床家と連絡できるようにする
- 親が青少年の安全を頻繁にモニターする
- 青少年のストレスを和らげる

者や親に働きかけるだろう。これは、自殺の衝動が高まったら、指導を受けるために臨床家に電話をかけるように青少年や親に働きかけることである。この指導とは、青少年が自殺行動以外の他の選択肢として、対処スキルを用いることを手助けするという目的がある（Linehan, 2011; Miller, Rathus, & Linehan, 2007）。

この段階では、親も臨床家と協力して、青少年の安全をモニターする役割を担ってもらうようにする。戦略に含まれるのは、追加の支持や（もしも関係がよければ）会話、監督やモニターの増加、頻回の心理療法セッションへの参加を促すことなどである。このような戦略は親に対しても勧められる。ただし、すべての親が、これらの戦略を実施する個人的な力強さ、スキル、忍耐力があると思いこんではならない。彼らがこのような戦略を他からの助けも得ないで自力で実施できるというものでもない。

親は青少年が経験している現状のストレスを一時的に減らしたり、その仲介役として手助けしたりすることもできるかもしれない。たとえば、宿題や成績のことで多くのプレッシャーがあるならば、その要求を減らすことはストレス緩和に役立つ。親は学校や教師に連絡を取り、宿題の負担を軽くしてもらうこともできるだろう。別の例としては、青少年の仕事や責任を一時的に免除するといったこともあるだろう。何が役立つかという点について親と子どもが率直に話しあうように、臨床家は働きかけることができる。多くの場合、青少年自身から非常に役立つ示唆を与えられることもある。しかし、親が何らかの提案をする場合には、ごく妥当な示唆をするようにしておく。

モニターの頻度を増すというのは安全にとって重要な要素であるのだが、青少年と協力していくうえで、モニターと適切なレベルの自立の間のデリケートなバランスをとる必要がある。自宅で、親は子どもの様子を頻繁にチェックして、モニターしようとするかもしれない。青少年が自分の寝室にいるならば、この種のチェックは、ドアを閉めたままの会話で行うよりは、むしろ観察に基づくものとすべきである。子どもは何か心配なことをしていて、短い会話だけではそれを明らかにしようとはしないかもしれない。この介入時期では、青少年と協力して、合意をしておき、この種の観察をするようにしておくと、プライバシーを侵害されたとか、プライバシーを失ったととられることを最小限にできる。

青少年の友人が悪影響を及ぼしていて、親がその友人を信用していないような場合には、その友人との外出を制限することが適切な場合もある。しかし、青少年はストレスに満ちた時期を乗り越えるのに、友人からのサポートが必要であったり、ただ単に仲間と一緒にいることが楽しかったりするということもある。友人との交際を禁止されると、かえって抑うつ的になってしまう青少年もいるだろう。このような場合には、友人と一緒の場合に子どもがこれまでにどのような行動をとったのか、ある特定の友人を親がどのくらいよく知っていて、信頼できるのかを考慮して、親は最善の判断を下すことが役立つ。モニターの頻度を増すということは、青少年を今まで非常に頻繁に観察し、ある友人との交際が許されず、外出の時間もままならないということになるかもしれない。青少年の状態を見守るうえで、何らかの判断を下すことの複雑さと難しさの双方について、親は認識しておく必要がある。臨床家はこの過程で親を支持し、援助することができる。

精神障害と心理社会的問題の治療

臨床家の包括的評価によると、自殺の危険の高い青少年には、深刻な心理社会的問題（例いじめ、親子関係の問題）や性的虐待の既往歴に加えて、何らかの精神障害を認めることが多い。臨床家は、これらの治療の標的について優先順位を決め、適切な治療についての現存の科学的で客観的な根拠を考慮しなければならない。臨床家は、特定の治療、複数の治療法を組み合わせる可能性、治療者が一般的に勧める治療の量、頻度、強度などについて、青少年とその親と協力的な態度で話しあう。ほとんどの治療のエビデンスの基盤はいまだに検討の途上であり、安全や、費用対効果といった他の問題があることも現実であり（すなわち、週に何回のセッションが必要か、その費用）、家族価値も考慮すべき重要な点であるので、臨床家は家族とともに複数の治療の選択肢についてしばしば話しあうことになる。

自殺の危険の高い青少年に対して有効である可能性のある治療法について総説することは本書の扱う範囲を超えている。というのも、このような青少年の抱える問題は実に多様で（例双極性障害、大うつ病性障害、素行障害、アルコール依存症）、包括的な危険の評価と定式化に基づいて、個々の青少年に合った治療法を選択することが重要であるからだ。とはいえ、この領域において、自殺の危険の高い青少年の必要性にとくに焦点を当てた効果的な介入法を発展させるために協力して、努力してきたし、成人の研究からは、心理療法で自殺の危険にとくに焦点を当てることの価値が示唆されてきている（Brown et al., 2005）。しかし、残念ながら、自殺念慮や自殺行動を呈した青少年に焦点を当てた介入について、一七の非経験的研究および経験的研究（無作為対照化研究）をメタ分析した総説の知見によると、これらの介入は自殺の危険の高い青少年の自殺念慮をわずかに減らしたものの、実際には長期的には、自傷や自殺行動は増していた（Corcoran, Dattalo, Crowley, Brown, & Grindle, 2011）。長期的な結果に関するこの分析は、六～一八カ月間の結果についてのごくわずかな数の研究に基づいていることに注意すべきである。この総説によると、全般的に、自殺の危険の高い青少年にとくに焦点を当てて開発された介入は、一般的な治療と比較してほとんど効果に差はなかった。この残念な結果は、これらの研究の対象となった自殺の危険の高い青少年が実に多様性に富んでいて、治療の必要性が多岐にわたっていたことが部分的には原因であるだろう。

もっとも期待できる最近の研究のひとつは、物質乱用が合併している自殺の危険の高い青少年という、より均質のサブグループにおける自殺の危険に対する治療に焦点を当てたものである（Esposito-Smythers, Spirito, Kahler, Hunt, & Monti, 2011）。精神科病院の入院患者から募った四〇名の青少年を対象とした無作為臨床治験では、統合外来認知行動療法的介入のほうが、一般の治療よりも、深酒をする日やマリファナを使用する日を減らし、全般的な障害を改善し、救急部への受診回数や自殺企図の回数を減らしたことが明らかにされた。自殺の危険の高い青少年の特定のサブグループの治療の必要性に焦点を当てた臨床研究がさらに必要とされている。

自殺企図を繰り返す危険の評価の重要性

評価は現在進行形で実施されるべきである。青少年の自殺行動や自殺の危険のレベルは静的ではない。自殺念慮（自殺念慮の範囲、意図、計画）についての質問をするといった、基本的な危険の評価は毎回のセッションで実施し、記録しておく必要がある。そして、包括的危険評価と定式化をしなければならない、ある特定の状況や指標がある。たとえば、（1）精神科病院からの退院といった（これは当然、自殺の危険が高まることに関連する）、治療状況や計画の変更（Meehan et al., 2006）、（2）治療者の交代、（3）青少年の人生における重大なストレッサーの出現や悪化、（4）自殺念慮の表明、これだけに限らないが、青少年の行動や精神機能の突然の変化などである。

臨床上の注意点

以下のような状況では、包括的危険評価と定式化が必要である。

1 治療の状況や計画の変更。例精神科病院からの退院
2 治療者の交代
3 青少年の人生における深刻なストレッサーの出現や悪化
4 青少年の行動や精神機能の突然の変化。例自殺念慮の表明（ただしこれだけに限らない）

患者が予約を守らなかったり、紹介先を受診しないことの意義

安全に関して考慮すべき最後の点は、患者やその家族が第二回目の予約に姿を現さなかった場合の臨床家の反応である。初回面接を行った治療者が引き続き治療にあたる場合でも、他の精神科医や治療者に紹介した場合でも、フォローアップは不可欠である。もしも予約が守られなかったら、臨床家は親（あるいは後見人）に電話をかけて、話しあう必要がある。青少年の予定の変更、病気、あるいは、ただうっかり忘れていたといったただけかもしれないのだが、それでもフォローアップは役立つ。それには、次のような機能がある。（1）臨床家が思いやりのある態度を示し、治療計画に関与していることを伝える。（2）自殺の危険が高まった可能性のある何かが起きて、緊急の評価が必要ではないか、臨床家が確認する機会を得る。（3）継続して治療を受けられるように次回の予約の計画を立てる機会となる。

生涯教育、コンサルテーション、同僚からのサポート

自殺の危険の高い青少年の治療の参考となる新たなエビデンスが次々に出てきている。したがって、生涯教育を受けて、常に専門家としての成長を図ることは不可欠である。自殺予防リソースセンター（Suicide Prevention Resource Center: SPRC）は、多くの最新の情報を提供するとともに、リストサーブ

（Listserv）のシステムは自殺予防の領域の新たな発展を会員に紹介している（sprc.org）。米国自殺予防学会（American Association of Suicidology: AAS）の毎年の総会でも、自殺の危険の評価、介入、管理、予防についての最善の実践に関して最新の知見が紹介されている。ＳＰＲＣとＡＡＳが協力して臨床カリキュラムを開発し、「自殺の危険の評価と管理」という一日のワークショップ形式で全米で実施されてきた。このカリキュラムに関するさらなる情報は（www.sprc.org/traininginstitute/amsr/clincomp.asp）で、ＡＡＳが開発した関連の二日間の「自殺の危険の認識と対策」も（www.suicidology.org/training-accreditation）で入手できる。さらに研究が進めば、緊急の介入と短期の介入に関する必要な要素についてや、自殺に特異的な介入と診断された精神障害に焦点を当てた介入の間の共通の問題についての情報もさらに多くなるだろう。

自殺の危険の高い青少年とその家族に臨床的に関わっていくことはきわめてストレスに満ちている。困難な症例について同僚からのサポートやコンサルテーションを受けられるように工夫しておくことは有益である。病院やクリニックといった場で活動している治療者はしばしばチームアプローチを活用していて、個人的に専門家のコンサルテーションや（セカンドオピニオンを求めて）症例のコンサルテーションを得る方策を築いている。個人開業をしている治療者は、情報の共有や守秘義務に関する既存の倫理ガイドラインを守りながら、自分自身のコンサルテーション・グループを作ることができる。

結論

本章では、自殺の危険の高い特定の青少年にとくに見合った緊急の介入と短期の介入計画を立てる必要性について総説してきた。（危険な状態と判断されて二四～四八時間以内に実施される）緊急の介入では、精神科入院、緊急時連絡カードの使用、安全計画の立案、親との協力とコミュニケーションなどがある。短期の介入には、頻繁な治療セッション、現在進行形の評価と安全のモニター、対処や問題解決や感情統御に焦点を当てるといったことが含まれるだろう。安全のモニターに関して、親と継続的な協力関係を持つこともきわめて重要である。自殺の危険の高い青少年に働きかけていくことがきわめて困難で、現在の臨床実践戦略の手引きとなるようなデータがこれからも増えていく必要があることを考えると、自殺の危険の高い青少年の治療にあたる臨床家が、同僚からのサポート、コンサルテーション、生涯教育を求める必要があることを述べて、本章を締めくくることにする。

第6章

親や学校との連携

章の目的

- 親に対して効果的に働きかけていく戦略について解説する。たとえば、協力関係を築き、教育し、資料を与え、青少年の秘密を守ることと安全を確保することの間に絶妙なバランスを取るなどについての基本方針についてである。
- 自殺の危険の高い青少年やその親に働きかけていく際に生じる非常によく認められる問題や質問について話しあう。
- 自殺の危険の高い青少年に対して学校が進んでできることについて話しあう。
- 学校の当局者と効率的に協力していくための戦略を解説する。

本章では、自殺の危険が高まっている可能性のある青少年を援助するために、いかにして臨床家が親や学校関係者と効率的に協力していくかについて解説する。可能な限り確固たるコミュニケーションを築き、親との実際的な同盟を結ぶことの利点について述べる。自殺の危険に関して親を教育するための提言についても示す。青少年の秘密を守ることと安全を保つことの間の微妙なバランスについても取り上げる。治療者、青少年、親が協力して治療計画を練り上げた具体例も提示する。さらに、自殺の危険の高い青少年とその親に対して臨床的な働きかけをしていくうえでよく現れるいくつかの問題を示し、それに対する解決法も解説しよう。学校において、自殺の危険の高い青少年の欲求に対して学校や親がどのように対処したらよいのかという点について、臨床家が効率的に働きかける方法も取り上げる。治療者と親、治療者と学校、複数の治療者間、親同士、学校同士で、勧められるパートナーシップの要素についても説明する。協力的なアプローチが強調され、読者のための資料も提示する。

親に効率的に働きかける戦略

同盟とパートナーシップ

さまざまなタイプの精神科治療と同様に、親を治療同盟に参加させて、治療計画に協力してもらうと、青少年の患者の治療結果は改善する（Barrett, Dadds, & Rapee, 1996; MTA Cooperative Group, 1999）。

精神保健の専門家が自殺の危険の高い青少年の親と強固な治療同盟を築き、効率的な関係であることはとくに重要である。というのも、第5章で解説したように、青少年の安全を確保するために、私たちはしばしば親に頼って、ハイリスクの子どもの監督のレベルを上げたり、子どもをモニターしてもらわなければならないからである。

この問題をさらに難しくし、強固で効率的な関係の構築を阻むような要素があることも理解できる（例親の薬物依存、親子の虐待的関係、情緒面でほとんど依存できないために圧倒されている親）。このような場合には、青少年の親（あるいは後見人）を治療同盟に参加させて、協力を得られるようにすることが有用である。もしも、親が子どもの治療場面に同席できないならば、祖父母や他の家族といった、子どもの治療や回復を支えてくれる人を加わらせるようにすることが役立つことがある。私たちが勧める以下のような提案は、青少年の人生において支えになってくれる他の大人にも容易に応用できる。

きわめて基本的なレベルで親との同盟が重要であるのは、（健康保険を使って、あるいは身銭を切って）治療費を支払うのは一般に親であり、ほとんどの州では未成年に治療を行うには親の許可が必要であり、治療の予約を取ったり、交通手段を用意して子どもを受診させたりするのも親であるからだ。さらに、包括的な危険の定式化や治療計画に必要な子どもについての情報を提供してくれるのも一般には親である。親を治療同盟に加えることによって、青少年が定期的に治療を受けるようになり、治療効果を増して、それを維持することもできるようになる。エビデンスに基づいた多くの心理療法では、青少年が新たなスキルや行動を獲得するのに、診察室以外でも練習する必要がある。これがどのような新しいスキルで、青少年がいつそれを用いなければならないかという点を、親がわかっていれば、親は子どもに新しいスキルを使うように励まし、働きかけて、治療的な利益を得られるようにサポートできる。さらに、治療計画の一部として、自殺の危険の高い青少年は何らかの精神科の薬物を処方されているかもしれない。親はこの決定に同意し、処方された通りに規則的に服薬するように積極的に子どもに働きかけることが重要である。親が治療同盟に加わることによって、積極的に治療をサポートしているという、これらの多くの例は、親との間に確固たる効率的な治療同盟を築くことが非常に重要であるという点を強調している。

この同盟を築く上で非常に重要な要素とは、治療者と親の間の率直なコミュニケーションを育むことである。初回の危険評価だけではなく、現在進行中の治療過程においても、子どもについての洞察を親と共有する機会を与えるべきである。また、親には十分な時間を使って、子どもの危険の状態や治療計画について質問する機会も与えなければならない。治療者の側からも、青少年の危険の評価についての情報を定期的に親に提供する必要がある。このようにして、親は積極的に治療計画に関与するようになる。

親に対する教育

青少年の自殺の危険を管理する計画を立てる第一歩となるのは、しばしば親に対する教育である。心理教育的アプローチは、教育、支持、スキルの獲得の三つの重要な要素から成ることが多い（Klaus & Fristad, 2005）。青少年の精神障害、関連のストレッサー、精神障害やストレスが家庭や学校での機能に及ぼす影響、さまざまな治療のもたらす作用と副作用についての情報はすべて、親（そして青少年）と話しあう必要がある。青少年の特定の自殺の危険因子に関する情報についても話しあう。治療者は支持と共感も与えるべきである。

臨床上の注意点

以下のような段階を経ることによって，自殺の危険の高い青少年の親と強固で効率的な同盟を築くことができる。

1　子どもの機能や危険の状態に関する親の意見を積極的に求めて，それを尊重する。親の意見を聞くことは重要である。
2　親と協力して治療計画を立てる。治療のすべての面についてその根拠を説明し，親を味方につけて，子どもが治療計画を守るように働きかける。
3　危険因子，危険兆候，明白な緊急計画について親が知らされているかを確認する。
4　治療セッションの全般的焦点や目標について親に情報を提供する。
5　青少年の危険の状態について最新の情報を親に提供し，危険が高まっている可能性のあるサインに注意するように助力する。

スキルを育むということには，効果的なコミュニケーション力や家族の問題解決能力を伸ばすとともに，子どもに対して自殺念慮や気分といったデリケートな話題をどのように取り上げるかといった情報も含まれる。家族に対する心理教育的介入が，うつ病，双極性障害，統合失調症の青少年や成人の治療結果に好影響を及ぼしたことを示すいくつもの研究がある（Fristad, Verducci, Walters, & Young, 2009; Goldstein, 1978; Miklowitz, et al., 2000; Sanford, et al., 2006）。親はティーンエイジャーの子どもとどのようにコミュニケーションを取ったらよいか困り果てていて、どうしたらそれを改善できるのか多くの質問をしたいと考えていることがある。**付録J「青少年とのコミュニケーションのヒント」**は、ティーンエイジャーと心配事やデリケートな話題といった彼らの人生について話しあう際の助言を与えてくれる。

どのようにして子どもに自殺念慮について質問したらよいかといった点に関する特定の教育や指導を、親は感謝するだろう。多くの親はこの種の話題を取り上げることにひどく不安を覚える。自殺について話すと、自殺念慮の引き金になるのではないかと恐れる人もいる。しかし、自殺を「ほのめかす」のではないかといった不安には根拠がないと、臨床家は親に教育できる。実際のところ、慎重に実施された経験的な研究では、自殺念慮についての評価が悪影響を及ぼすことはないことが明らかにされている（Gould, et al., 2005）。これは多くの親にとって安心できる情報であろう。この種のデリケートで不安を引き起こしかねない話題を取り上げるコミュニケーションを親が始めるのを、臨床家は手助けすることができる。そのひとつの方法として、セッション中に親に質問をする練習をしてもらうことがある。こうすることによって、臨床家は親がこの種の質問をすることを積極的に指導する機会が得られる。

自殺の危険のために入院したが、最近退院となった青少年に対する心理教育的で支持的な介入に関する研究では、親と子どもの人生で支えになっている他の人々に対して、心理教育的なワークショップを開催し、その後三カ月間、毎週コンサルテーションを実施した（King, Klaus, et al., 2009）。このワークショップで取り上げた内容は、青少年の精神保健の問題の率、青少年の診断と治療計画に関する特定の情報、自殺の危険兆候や安全に関する心配について青少年とどのように話すかという点に関する教育、青少年とのコミュニケーションについての基本的な助言などである。地域にある危機対応の機関についても情報が提供された。その結果、一部の青少年に対してごく中等度の肯定的な影響が認められたが、悪影響は認められなかった。

自殺の危険について評価された子どもの親は、しばしば極度の不安や苦悩を抱えている。青少年が外来治療を受けていて、その安全について親はより大きな責任があると考えているが、危険因子や危険兆候について知らず、そして自殺について子どもとどのように話したらよいかわからずに、さらにこの不安が増していることがしばしばある。さらに多くの研究が必要ではあるのだが、親に対する心理教育が重要であるのは、親の不安や苦悩を和らげ、子どもの世話について十分な知識を得るのを手助けすることであるだろう（Mendenhall, Fristad, & Early, 2009）。親に対する教育の計画では最低でも次の情報を含める。（1）自殺行動と自殺の危険兆候、（2）自殺念慮や自殺衝動に関する質問の具体例、（3）緊急時の連絡先に関する情報と緊急時の計画、（4）自殺の手段を制限することの重要性。ギャレット・リー・スミス記念法によって資金援助された、青少年の自殺予防活動の一環として、いくつかの家族のための資料が作られて、全国的に配布されている。このような支援の多くは自殺予防リソースセンター（SPRC）のオンライン図書館で入手できる。**付録K「役に立つウェブサイト」**に情報を挙げておく。

治療を担当している臨床家は、個々の患者の危険因子や保護因子を検討するとともに（第2章参照）、不安を覚えずに、子どもの自殺について話ができるように親に働きかけていく（第3章のスクリーニングのための質問例を参照）。さらに、安全計画を親とともに慎重に検討し、親に緊急時連絡カード（すなわち、危機についての情報）を与え、親が救急の電話番号や地域の危機対応の機関（例もっとも近くにある救急部）について認識していることを記録しておく。さらに、自殺予防戦略として、自殺企図に用いられる手段を制限しておくことの重要性についても親を教育しておかなければならない。

臨床上の注意点

親に対する教育計画には最低でも以下の点を含めておく。

1　自殺行動や自殺の警戒兆候
2　自殺念慮や自殺衝動についての質問例
3　緊急時の連絡先についての情報や危機対処計画
4　手段を制限することの重要性について話しあう

手段の制限

第2章で解説したように、米国においては年長のティーンエイジャーの男子では銃が第一位の自殺手段であり、女子では銃が自殺に用いられることは有意に少ない。自殺企図は衝動的な行為であることがあるので、致死的な手段を手に入れにくくすることは次の二つの目的を達成する可能性がある。（1）自殺企図を遅らせることによって、（2）その間に自傷の衝動が減り、より致死性の低い手段を選ぶようになるかもしれない。

手段の制限についての効果的な教育として、親の協力を得て、家庭にある何が自傷に用いられるかを考えて、青少年がそれを手に入れにくくするという方法がある。銃を手に入れにくくすることに加えて、親が処方薬や市販薬についても管理を徹底することも勧められる。家の中を調べて、現在、こういった薬がどこにあって、実際に使われていて、有効期限が切れていない薬か確認する。有効期限の切れている薬は薬局に返還し、安全に廃棄してもらう（地域の薬局のウェブサイトで情報を得る）。残った薬は施錠するか、家の中のどこか手の届きにくい所に保管しておくようにする。

守秘義務と青少年の安全の間のバランス

青少年を治療していくうえで、精神保健の専門家は、プライバシー（そして、青少年との治療同盟）を守ることと、親が情報を必要としていることとの間のバランスを常に保たなければならない。自殺の危険の高い青少年の治療では、子どもの安全について親の不安が強く、しばしば情報を求めてくるために、このような問題が一層重要になる。ほとんどの青少年は懸命に自立しようとし、このような態度のごく自然の一部として、親との間に距離を置き、自分が何を考え、何を感じているか必死になって隠そうとする。さらに、家族の葛藤があったり、（それが正確か否かに関わらず）「誰も私のことを理解してくれない」と青少年が考えたりしていることも、自殺の危険の一般的な要素であり、そのために、青少年は親が治療に加わることに一層抵抗を示す（Daniel & Goldston, 2009）。治療者が効果的にこの間にバランスを取ることができれば、親子の関心はよりよく保たれる。

そこで、治療者と青少年、治療者と親の間の信頼を築くために、治療者はこの問題を青少年や親と治療関係の初期に率直に話しあうことを、私たちは勧める。

自殺の危険の高い青少年とその親との対話の勧め

治療者：あなたの娘さんはある程度のプライバシーを望んでいます。一方、あなたは娘さんの安全を心配して、彼女の状態がどのようなものか知りたいと考えています。私たちはその点について話しあう必要があります。娘さんが安心して治療を受けられるようにするためには、私が彼女のプライバシーを尊重し、話したことのわずかなことまですべてをあなたに話はしないと、彼女が私を信用できなければなりません。一方、あなたも親として私を信用し、娘さんがどのような状態で、治療で何をしているのか、彼女の安全について私の心配が増していないか知らされることが重要です。

　私はあなたにも娘さんにも協力して、治療中にこのふたつの問題のバランスを取ることを誓います。

患者に対して：私はあなたが私に話してくれたことのすべてを詳しくご両親に話したりしません。あなたのプライバシーを尊重します。しかし、もしもあなたに自傷他害の危険があると判断する根拠があったり、誰かがあなたを傷つけようとしている場合には、私はご両親に話す義務があります。危険のレベルに変化があったと心配する場合にも、私はそれをご両親に伝えます。

親に対して：あなたの子どもの安全について心配がある場合には、私はかならずあなたに伝えます。治療のパートナーとして、私たちは協力して彼女と家族にとって最善の治療計画を立てていきましょう。娘さんが治療目標に向かって示した進歩について、私はあなたに定期的にお知らせします。

協力して治療計画を立てる

包括的危険評価を終え、青少年やその親との治療同盟を慎重に築いたら、次の段階として、治療目標を定め、その目標を達成するための計画を立てる。第5章で青少年と親に教育的情報を与えることについて解説したように、治療者は、青少年の診断、実施可能な治療、それらを支持する客観的な根拠について伝える。治療計画には、青少年の症状を緩和し、危険因子を減らし、保護因子を増やすための特定の目標が含まれるべきである。これは個々の患者で大きく異なるのだが、支えてくれる人々との絆を強め、対処や問題解決スキルを改善し、絶望感や、物質の使用や抑うつ症状を減らすことなどを含める。治療目標や計画がこのような目標を達成することを、青少年と親の両者が受け入れられることが重要である。青少年と親が、目標設定の過程に、個別にあるいは協力して関与することがしばしば有用である。

よくある問題をはらんだ状況

以下に挙げるのは、自殺の危険の高い青少年やその親に働きかけていくうえで、よくある問題をはらんだ状況のいくつかの例である。

問題1――「息子は私に何も話そうとしない」

前述したように、青少年がプライバシーを望み、親から独立していたいと願うのはごく普通である。このような場合には、牧師、コーチ、おじやおば、家族の友人といった、親以外の誰か信頼できる他者のサポートシステムを築いて、青少年に働きかけることが役立つかもしれない。青少年が両親よりも、臨床家とざっくばらんに話をするならば、精神保健の臨床家と治療的関係を築いておくことは親にとっても有用であるだろう。時には、青少年が親とのコミュニケーションをためらうということが、自宅の環境や親子間の問題を示唆している可能性があり、これは治療や回復に関する重要な焦点かもしれない。親は、（1）子どもが大人たちの幅広いサポートシステムを発達させていくことを受け入れ、それを支持し、（2）傾聴やコミュニケーション能力を改善させることなどによって、子どもとの関係を強化し、（3）自由なコミュニケーションを維持するよう努める。

問題2――「あの子はただ私を意のままに操ろうとしているだけです。ただ単に関心を引きたいのです」

子どもの自殺をほのめかすような言葉を、ただ単に関心を引きたいだけだとか、自分の利益のために他者を操作しようとしているだけだと、親はしばしばとらえて、それほど深刻に受け止めようとしない。自殺行動が、極度の苦痛や不幸を伝える手段であり得るというのは事実である。自傷行動は、自分が置かれた状況に何とか変化をもたらそうとして青少年が思いつく唯一の方法かもしれない。このような場合には、自分の感情や要求を他者に伝えるよりよい方法を育むことを、治療計画の一部とするとよいだろう。青少年の心理的欲求について親に教育することが、より効果的な家族間のコミュニケーションにつながる可能性がある。もしも青少年に他者や状況を操作する能力があるとするならば、何らかの良好な認知能力や希望や動機づけがあり、それらを合わせて「何かを起こす」ことができるかもしれない。こういった特性は、青少年の力強さであって、治療的過程にとって有用かもしれない。

問題3――「私の息子は服薬も治療も拒否する」

この状況は、子どもの安全を心配している両親にとっては非常に恐ろしいものである。青少年が適切に治療を受けないことはしばしば他の不安の兆候にもなり得る。自分の感情を直接伝えるよりも、行動（あるいは行動を起こさないことで）「自分の気持ち」を伝えようとする青少年もいる。適切に治療を受けようとしないことは、青少年が治療者を好きではない、信頼していないとか、あるいは、治療計画や決断の過程に自分の意見が入れられていないと考えていることを示しているのかもしれない。親は子どもと話しあい、もしもこのような事態であるならば、治療者・患者関係は治療の成功にとって不可欠であるのだから、子どもともっとうまくやっていけそうな他の治療者を探すようにすべきである。

回復があまりにも遅いことに不満を感じている青少年も多い。たとえば、今抱えている問題のひとつがうつ病であるならば、薬物療法と心理療法を受けて、抑うつ症状を和らげるのには数週間かかるだろう。このようにすぐに満足が得られないことに、青少年が耐えがたく感じている可能性がある。さらに、このような状況が悪化していくのは、当初提案された治療法に効果が現れず、治療計画を変更しなければならなくて、絶望感が増していくような場合である。青少年が回復や勧められた治療法の効果に対して適切な期待を持つように働きかけることが重要である。

このような状況で、私たちが回復と考えるのは、機能が明らかに改善し（感情的な苦悩が減り、家族や友人との、そして学校での機能が改善した）、生活の質の改善が認められる場合である。私たちは効果的であるという最強のエビデンスのある治療法を開始することを親に強調する。しかし、個々の青少年のこれらの治療に対する反応はさまざまであるので、治療法を個々の患者に合わせていくには一般に時間がかかる点についても、親に前もってよく説明しておく。さらに、肯定的変化を見守り、治療や回復の進歩を喜ぶ必要があることも強調する。すなわち、青少年や親に対して「治癒」が最終目標ではなく、治療者として、患者の現状を見きわめ、青少年の心配を評価し、彼らが健康的な方向へと前進していくのを助けることが有用である。

問題4――「この薬が私の子どもに安全だとどうすればわかるのですか？」

親が精神科の薬の安全性と効果について心配するのはごく普通である。米国食品医薬品局（Food and Drug Administration: FDA）が二〇〇四年に未成年に対する抗うつ薬使用について黒枠警告[*4]を出し、二〇〇七年にはそれを若年成人にまで広げたが、その後、とくにこの不安が強まった。治療者は、児童・思春期患者の治療によく使われる薬の安全性と効果に関する最近の研究について熟知しておくことが重要である。また、青少年の主要な問題や診断が下された状態に対する薬物療法や心理療法の効果に関するエビデンスについてもよく知っておく必要がある。このようにすることによって、治療者は親と、またしばしば青少年とも協力して、治療の選択肢を考えることができる。このような情報がなければ、治療の安全性と効果の間のバランスを特徴づける費用対効果を考えることはできない。エビデンスはまだ十分ではなく、今も拡大しつつあるが、児童・思春期の障害の大多数に関する問題を取り上げた本として、「Childhood Mental Health Disorders: Evidence Base and Contextual Factors for Psychosocial, Psychopharmacological, and Combined Interventions」（小児期の精神障害：心理社会的、薬理学的、複合的介入についてのエビデンスと状況因子）（Brown et al., 2008）がある。

さらに、精神保健と身体的健康状態を関連づける生物心理学的モデルについても精通しておくと有用である。糖尿病や喘息といった慢性の疾患と、うつ病やＡＤＨＤを対照させて説明すると、薬物療

＊4――黒枠警告（black-box warning）――医薬品添付でもっとも注意を喚起するレベルの副作用。

法の役割を親に理解させるのにしばしば役立つ（例あなたは糖尿病の子どもに対して「あれこれといつまでも説明しないで」、インスリンを注射するだろう。うつ病でも同様で、薬物は治療の重要な役割を果たすことができる）。親が多くの精神疾患の生物学的な基盤を学ぶように働きかけると、決断を下す手助けとなる。同様に、薬物療法の決断にはある種の危険が伴うことも理解すべきである。治療者、親、青少年の患者の間に確固とした協力関係があってこそ、このような重要な決断を下すことができる。

問題5――「インターネットで治療の情報をいつも検索し、私が提供する情報はすべて再確認し、治療の選択肢についてあれこれ言ってくる親がいます。私はどのように対処したらよいのでしょうか？」

これも実によくある状況である。とくに親の教育程度が高く、コンピュータに容易にアクセスでき、インターネットにも精通しているような場合である。肯定的にとらえるならば、このような態度は、治療者と協力して子どもにとっての「最善の治療」を積極的に探し出そうとする関心の高い親であることを示しているのかもしれない。青少年の患者自身も、自分の状態や、可能性のある治療やその効果を理解するのに関連する情報についてオンラインで情報を探そうとすることもある。

治療者に勧めるのは、（1）この種の情報を積極的に探そうとする親や子どもの態度を誉め、支持し、（2）この種の情報についてもっとも信頼できるウェブサイトに彼らを導くことである。付録K「**役に立つウェブサイト**」をコピーしておいて、青少年や親に手渡す資料として使うことができるだろう。心理療法に関する情報を収集するのにとくに有用な、家族が使いやすいウェブサイトは、www.

effectivechildtherapy.com である。

学校と効率的に連携するための戦略

ほとんどの青少年は週に三〇〜四〇時間を学校で過ごすので、学校のスタッフは青少年の自殺の危険に対して不安を覚えずに、対処できるようになっておく必要がある。全国的な若者危険行動調査（Youth Risk Behavior Survey: YRBS）によると、高校生の六〜七人のうち約一人に深刻な自殺念慮を、八人に一人に自殺の計画を、そして一四人に一人は実際に自殺未遂を認めた（CDC, 2012b）。学校のスタッフはさまざまな状況で生徒の自殺の危険に気づくだろう。たとえば、全校スクリーニングや危険評価を実施した場合、生徒が信頼している教師やカウンセラーの元に悩みを打ち明けてくる場合、生徒が同級生についての心配を学校のスタッフに報告する場合、教師が生徒の成績や態度に明らかな落ちこみに気づく場合、親や精神科治療チームの誰かが生徒の危険の状態を学校に報告してきた場合などにである。

全米自殺予防学会が実施した学校臨床心理士についての最近の調査では、回答者の八六％が自殺をするとほのめかしたり、自殺未遂に及んだりした生徒のカウンセリングを実施し、三五％が勤務校で生徒の自殺が起きていて、六二％は自殺未遂に及んだ生徒を知っていると報告した（Berman, 2009）。米国の学校における自殺の危険の高さにもかかわらず、ほとんどの学校の精神保健の専門家や教師は自殺の危険の高い青少年に効果的に対処する準備が十分にできていないと考えている（Berman, 2009;

Miller & Jome, 2008)。次項では、治療者がどのようにして学校や親と効率的に連携し、精神科治療チームが学校の場で自殺の危険の高い青少年の必要性に協力して応えるかについて解説する。

学校におけるサービスと資源

学校がいかにして自殺の危険の高い生徒をもっとも効率的に管理できるかという点についてはさらに研究が必要だが、ほとんどの研究者が推奨しているのは「全校的アプローチ」(whole-school approach)であり、普遍的（universal)、選択的（selected)、特異的（indicated）予防、明快な管理のガイドライン、地域の精神保健の専門家との強力な紹介ネットワーク、自殺の連鎖を予防するための事後対応（postvention）サービスなどが含まれる（Berman, 2009; Kalafat, 2003; Kim & Leventhal, 2008; Zenere & Lazarus, 2009)。普遍的予防戦略には、自殺の危険を同定して、それに対処することに関して大人（教師、管理者、カウンセラーなど）と生徒に教育やスキル訓練を行うことである。学校の雰囲気に安全と敬意を醸し出し、生徒が大人と心配を共有できるようにすることについて、ゼネーレら（Zenere & Lazarus, 2009）は述べている。これらの予防の努力はどれも、学校のスタッフが危険の高い生徒を受け入れて、支えていくことについて、十分に心の準備ができて、自信が持てるようにするのが目標である。危険の高い生徒がふたたび学校に戻ってくるということに対応する手順を踏むことは特異的予防とみなされ、これらの戦略は既遂自殺の予防という意味がある（Jacob, 2009; Kalafat, 2003)。

前述したように、学校が生徒の危険の状態を認識する多くの方法があるし、生徒もさまざまに異なる活動のレベルで復学することができるだろう。自殺未遂後に入院治療を受けてから退院してくる生徒もいれば、深刻な自殺念慮で救急部を受診した後に学校に戻ってくる生徒や、さらに、うつ病、関連の状態、自殺の危険などについて外来で評価された後に学校に戻ってくる生徒もいるだろう。一人ひとりの生徒の状況は異なるかもしれないが、すべての場において心配してくれる大人たちが協力して、青少年の回復を支えてくれるならば、生徒は非常に大切に扱われたことになる。

学校のスタッフが青少年の自殺の危険について不安を感じずに管理できるような研修を改善するための資料がいくつか入手できる。そのうちの多くは、**付録C「学校のための自殺予防資料：ガイドラインと教育・啓発プログラム」**に挙げてある。自殺予防リソースセンター（Suicide Prevention Resource

学校ができること

- 包括的な自殺予防計画を立てる。普遍的、選択的、特異的予防、危機管理、事後対応プログラムを含める。
- 危険の高い青少年の管理について十分な研修を積んだスタッフを少なくとも一名は配置する。
- 親や治療チーム（あるいは、プライマリケア医）との間に連携ケアチームを作る。
- 自殺の危機の後に青少年を学校に受け入れ、支えるために、連携治療チームと協同する。

Center: SPRC; www.sprc.org）にも、普遍的予防戦略に有用な効果的なプログラムとその実践などについて学校スタッフに向けた多くの情報がある（**付録L「エビデンスに基づく若者の自殺予防介入」参照**）。さらに、米国自殺予防学会（American Association of Suicidology: AAS）にも、学校のスタッフを研修し、自殺予防の専門家を認証するプログラムがある（www.suicidology.org）。

性的志向に関連したいじめなどといった自殺の危険因子についてのプログラムも、自殺の危険の高い青少年を支えていくうえで学校が準備しなければいけないものの重要な一部である。**付録C「学校のための自殺予防資料：ガイドラインと教育・啓発プログラム」**には「いじめをやめよう」キャンペーンについての情報も含まれている（www.stopbullyingnow.hrsa.gov/index.asp）。

協力的ケアアプローチ

入院治療や他のタイプの緊急治療を受けた後、多くの青少年が学校に戻ることをとてもためらう。教師や同級生に、なぜ休んでいたのか、どのような症状があるのかをどうやって説明したらよいのかわからないし、学業についていけるだろうかとの心配もある。自分の子どもが学校で「レッテル貼り」をされるのではないか、プライバシーが守れるのか、他の生徒たちや教師から偏見を持たれるのではないかと、親もしばしば心配する。一方、学校にいる精神保健の専門家たちは、その生徒の問題について十分に知らされていないことが多く、どうすれば生徒を支えていくことができるのだろうかと深刻な悩みを語ることが多い。教師や学校の精神保健の専門家たちは、生徒の精神保健についてまるで蚊帳《かや》の外に置かれているように感じているかもしれない。生徒が週に三〇～四〇時間も学校のスタッフの保護下にあることを考えると、これは非常に難しい問題となり得る。

偏見や噂は非常に心配ではあるが、精神保健の専門家と親は学校のスタッフと確固たる協力関係を築き、情報を交換し、登校している間の生徒の必要性に合った学校における自殺予防計画を立てることを、私たちは強く勧める。学校で積極的な自殺予防や危機管理の計画が実行されていると、親の不安は減り、私的で秘密にしておきたい情報も進んで提供するようになる。

担当医は、生徒の親に対して、学校と情報を交換するように働きかける。さらに、学校のスタッフの誰か（例担任教師、学校ソーシャルワーカー、臨床心理士、校長）にその生徒の状況に特徴的な危険因子

精神保健の専門家ができること

- 親と学校の間で情報交換ができるようにする。
- 生徒と親の許可を得たうえで、生徒の自殺の危険因子や保護因子、危険評価、安全計画についての情報を共有する。
- 学校の環境が回復を支え、さらに社会的なストレスや学業上のストレスが増えないように、協力する。
- 自殺の危険の高い生徒に手助けして、学校で他の生徒たちに何を伝え、何を伝えないか決める。

と保護因子、自殺の危険の重症度、安全計画などについても説明しておく。同様に、学校のスタッフも、生徒の危険因子の変化、学業成績や学校でのストレス、全般的な機能について、担当医や親と情報を共有すべきである。学校のスタッフが生徒の安全計画について知らされていれば、登校している間にその計画を守るように生徒に働きかけることができる。たとえば、臨床家がある青少年に危険が高いことを、支えてくれるような大人たちと情報を共有し（もちろん、本人や親の許可を得る必要がある）、学校にいる間はそのような人々に助けを求めるようにと学校のスタッフは生徒に働きかけることができる。同様に、生徒が気づいている気晴らしや注意を他に逸らす活動についての情報も学校と共有しておき、それを学校の予定に組みこんでおく（例保健室でｉｐｏｄを聞くのを許可する、美術室で絵を描いて時間を過すことを許可する）。積極的で自由なコミュニケーションによって、治療チームと学校は協力して、生徒が学校で過ごす時間が回復の過程に役立つようにできる。

親や治療者が学校と密接に協力することは、回復期の学業のプレッシャーを和らげ、登校中の勉強の補助を与えることに対して非常に有益でもある。こういった介入が非公式に行われることもあるが、重症の情緒障害を持つ子どもであると認識して、正式に行われることもある。**付録Ｍ「学校のサービスを正式に依頼する手紙の例」**は、親が学校に対して、生徒の評価を依頼し、取ることができる対策について話しあう機会を求める手紙の見本である。表6-1には、自殺の危険の高い青少年が学校の環境に戻るにあたって、取り得る対策を挙げている。

協力的ケアアプローチが実施されると、生徒の学校生活への再適応をより円滑に進めることができるだろう。生徒が再適応について何が起きるか考え、計画するように、親、臨床家、学校のスタッフが協力して、働きかけることが理想的である。青少年が自殺の危険のために精神科に入院した場合に

表6-1　自殺の危険の高い青少年に対して学校で取り得る対策

- 出席日数や授業数を減らす。
- 宿題を減らす。
- ストレスになるような大きな課題や試験を延期する。
- 注意が集中できないのならば、学習やノートを取る際の補助者をつける。
- 登校中は、ソーシャルワークサービスを受ける。
- 非常に苦痛な場合には、説明したり、許可を得たりしなくても、授業をぬけて、ソーシャルワークサービスを受けられるようにする。
- 安全計画にある気晴らしの技法を用いる。
- 安全計画にある支えてくれる大人に近づく。
- 登校中も必要な服薬をするように手助けする。

は、学校のカウンセラーや他の精神保健の専門家が、病院での退院計画ミーティングに出席するのもよいかもしれない。もしもこれができなければ、親の署名が入った情報提供依頼書を入手したうえで、病院のスタッフと学校のスタッフが電話で話しあうことができるようになる。

入院のために学校を欠席していた場合には、その間自分がどこにいたのか同級生たちに何と言ったらよいのかと、青少年はしばしばひどく心配している。どう話すかは非常に個人的な決断であるのだが、青少年の人生で愛情あふれる大人たちからの指導が必要である。青少年が他者からのサポートや絆をもっとも必要としている時に（そして、自分が置かれた状況について誰も構ってくれないと強く思いこんでいる時に）、自殺や自殺の危険についていて触れないでおこうとかの偏見があるため、他者が青少年を支えることが難しいというのは、ひどく皮肉なものである（Pompili, Mancinelli, & Tatarelli, 2003）。同級生、教師、青少年の人生の他の大人たちの多くは助けになってあげたいと思っているのだが、何と言葉をかけて、何をしたらよいのかわからない。学校への再適応の時期に自殺の危険の高い青少年の周囲の心配をしている人々の輪を築くことは、治療の重要な一環となる。

結　論

本章では、治療者、青少年の親、学校のスタッフの間の協力的な関係の重要性について強調した。治療者が青少年の親と協力することによって、包括的危険評価、教育や資料の共有、安全についてのモニタリング、青少年に対する家族のサポート、治療計画の遵守などが促進できる。支持的で愛情あふれる大人たちのネットワークをさらに広げていくことによって、臨床家と学校のスタッフ、そして、親と学校のスタッフが互いにコミュニケーションを図り、自殺の危険の高い青少年を援助することができる点について、本章では解説した。

第7章
法的問題

章の目的

◆自殺の危険の高い青少年に働きかけていく際に考慮すべき法的問題について解説する。
◆法的問題の危険を最小限にするためのガイドラインを示す。

自殺行動や自殺の危険が高まっている青少年に働きかけていくうえで、法的な問題についての恐れが出てくることはごく一般的である。この恐れはまったく根拠がない訳ではない。自殺の危険の高い青少年の治療を担当している臨床家は、そのような患者を担当していない者よりも訴訟を起こされる危険は高い。実際に、自殺未遂や既遂自殺は、精神科患者の医療過誤の訴訟では、最多の原因のひとつである（Simon & Shuman, 2009）。たしかに、臨床家であれば誰でも訴訟を起こされる可能性はあるのだが（Packman & Harris, 1998）、訴訟を起こされるのではないかという不安の方が、実際に法廷で争われる危険よりもはるかに高いというのが現実である。法的な危険と、自分自身と治療活動を法的処置からどのようにして守るかという助言について、本章は解説していく。ただし、本章は、個別の法的相談や危機管理についてのコンサルテーションの代わりとはならないことを断っておく。

患者の自殺と法的行動

残念ながら、多くの臨床家がクライアントや患者の自殺を経験している。精神科医の五〇%が（Chemtob, Hamada, Bauer, Kinney, & Torigoe, 1988; Ruskin, Sakinofsky, Bagby, Dickens, & Sousa, 2004）、臨床心理士の二〇%が（Chemtob, Hamada, Bauer, Torigoe, & Kinney, 1988）、専門家としての生涯のある時点で患者の自殺を経験しているとのデータがある。心理学の研修生九人のうち約一人が患者の自殺を、四人に一人が患者の自殺未遂を経験している（Kleespies, Penk, & Forsyth, 1993）。もちろん、患者の自殺後にすべての臨床家が訴えられるわけではない。訴えられた臨床家の中でも、実際に裁判になる人は非常に少ない。わずかに六％が裁判となり、ほとんどが臨床家側の勝訴となっている（Packman & Harris, 1998）。

訴訟を起こされた臨床家にとって、その経験は多くの理由できわめてストレスに満ちている。自殺後に遺されたほとんどの人が経験する悲嘆反応に加えて、訴訟を起こされた担当医は、患者に対する専門的な治療が法制度のもとで精査されるという屈辱的で、不快な立場に置かれる。法的に自分を守る最善の方法とは、法律、標準的治療、実施した治療をいかに記録するかについて熟知し、予防対策を取ることである。治療的危機管理（therapeutic risk management）の概念が重要である（Simon & Shuman, 2009）。これは、患者の臨床的ケアの質に焦点を当てると同時に、臨床と法律の間のジレンマを効果的に管理することを指している。

医療過誤とは何か？

医療過誤（malpractice）の訴えとは、いわゆる不法行為法（tort law）に該当する。この誤った行為は、意図的に、あるいは怠慢のために、他者に傷害や損害を及ぼす可能性がある。医療過誤とは、標準的な治療（standard of care）を適応して患者を評価し、治療することに失敗し、その結果、傷害や損害が生じることである。適切な標準的治療とは、平均的で、妥当で、かつ慎重な臨床家が類似の状況に直面したら実施するであろう治療と定義される。それができないというのは、臨床家が標準的な治療の基準に沿ったケアができず、その結果、傷害や損害が生じたことを指す。標準的治療が実施できなかったことが、意図的なものであるか否かは関係ない（Simon, 2001）。

訴訟を起こして、医療過誤であることを示すには、重要な請求を理由づける事実について証明する必要がある。このようにするには、医療過誤の原告は以下の四点を立証する必要がある。

1　治療の義務（医師・患者関係の成立）
2　標準的治療の不履行
3　患者が負った傷害や損害
4　傷害は、専門家の治療が標準に満たなかったことと近接して生じていなければならない。

医療過誤のこの四要素は一般に「四つのD」としてまとめられている（すなわち、Dereliction of Duty Directly causing Damages：義務の怠慢が損害を直接引き起こす）（Rachlin, 1984）。

医療過誤の原告がこの四つの要素を証明できているかという点は、事実を判断する者（判事あるいは陪審員）によって判定される。医療過誤の訴訟が判事によって裁かれる場合もあるが、ほとんどの場合は陪審員の前で裁判が開かれる。医療過誤訴訟が法廷で審理される場合、ほとんどの州では、民法における「証拠の優越性」（preponderance of evidence）の基準による。証拠の優越性というのは、原告と被告のいずれの証拠の方が優勢であるかを指している。これは、より説得力のある証拠で、真実で正確な可能性が高いということであり、単に証拠の数が多いということに基づくものではない。

訴訟を起こされたら臨床家は何をすべきか?

もしも法的処置を取ると言われたり、実際に訴訟を起こされたりしたならば、読者がすべき最初の行動とは、自分の弁護士、所属機関の危機管理部門、あるいは医療過誤訴訟対策の保険会社に連絡することである。多くの病院には院内のスタッフとして弁護士を抱えている。もしもあなたが個人開業をしているならば、医療過誤を専門とする弁護士を雇うことを考えるかもしれない。医療過誤訴訟対策の保険会社に所属する弁護士がいるにしても、個人的に雇った弁護士がいると、あなたの個人の利益が守られると安心できるだろう。患者や家族の主張について、自分の弁護士、危機管理官、医療過誤訴訟対策保険会社に相談する前に、誰か他の人に話してはならない。適切な法的助言こそが、あなたにとって最善の行動指針となる。

自殺に関する医療過誤の問題とは何だろうか?

臨床家は、自殺の危険の高い患者に対する適切な評価と管理に関連して標準的な治療を行う義務がある(Berman, 2006; Simon, 2002)。患者の自殺に関連する法的陥穽《かんせい》として、よくある原因となる二つの主要な問題がある。

第一の問題、あるいは法的陥穽となり得る問題は、予見性(foreseeability)である。すなわち、臨床家は適切に自殺の可能性について評価していただろうか? 医療過誤を防ぐためには、入手可能な情報源に基づいて自殺の危険評価を実施しなければならない(第4章参照)。しばしば情報源は複数あり、時には、努力して情報を引き出す必要がある（すなわち、複数の情報源を用いて、適切な質問をしたり、医療記録を入手したりして、情報を入手する）。

第二の法的陥穽は因果関係（causation）である。臨床家は自殺を引き起こしたかもしれない何かをした（あるいは、より一般的には、何かをするのを怠った）だろうか？　自殺の危険が同定されたならば、合理的な努力でそれに対処して、患者を被害から守らなければならない（Vandecreek, Knapp, & Herzog, 1987）。適切な臨床実践に基づく治療計画を立てて、それを実行する必要がある（Berman, Jobes, & Silverman, 2006）（第5章参照）。

自分自身を医療過誤から守るために臨床家は何ができるだろうか？

どのような対策を取ったとしても、完全に訴訟から逃れることなどできない。自殺が生じると、遺族は嘆き悲しみ、悲劇的な出来事に対処する方法として、誰かを非難しようとするかもしれない。危険の高かった青少年の治療を担当していた臨床家として、自分を訴訟から守る方法がある。

最初の方法は、青少年の家族と固い同盟関係を築いておくことである。家族に対して、子どもの自殺の危険因子、治療の進展、危険を減らすために実施していることなどを常に伝えておく。治療者ができることとできないことについて、家族と率直なコミュニケーションを持つことが重要である。たとえば、子どもを手助けするために何でもやるつもりであるが、診察室を出た後の子どもの行動はコントロールできないし、治療には時間もかかるといった点を親に話しておくことはすべて、同盟関係を築くための重要な側面である。

判例を参考にすると、医療過誤を最小限にするのに有用な診断や治療の重要な鍵となるヒントがある（Bongar et al., 1998）。しかし、これにすべてが含まれているというわけではない。各症例の特定の事実に基づいた臨床を常に実践しなければならない。本書では、これまでに、危険因子、包括的危険評価と定式化、適切な記録の重要性についての情報を提示してきた。

第5章で解説したように、適切で完全な診療録は、弁護にとって重要な助けとなる。読者が最善の治療を行っていたとしても、とくに、評価や治療について適切な記録が残されていない場合には、訴訟を起こされる危険がある。法律的な視点では、記録されていなかったことは、実施されていないと

医療過誤を防ぐには

- 完全な病歴を聴取する。
  - 患者から十分に詳しい病歴を聴取する。
  - 他の情報源も活用する。
  - 前医から医療記録や情報を得る。
- 自殺の危険を評価する。
  - 危険評価は、初診時、治療の重要な時点、治療中の定期的な時点で実施する。
  - 危険の程度を判定するために、エビデンスに基づく方法を用いる。

- 標準的治療を行う。
  - ◦可能な限り標準的治療の基準に沿う。
  - ◦もしも標準的治療から逸脱していることが臨床的事実から明らかである場合には、その理由を慎重に記録し、セカンドオピニオンを求めることを考慮する。
- 患者が治療者に連絡が取れるようにし、緊急時の対応にも備える。
  - ◦妥当な時間には患者が治療者に連絡できるようにする。
  - ◦治療者にすぐに連絡が取れない場合には、どこに助けを求めたらよいか患者に知らせておく（例地域の救急部、緊急対応の電話番号）。
- 危険の高い患者は受診回数を増やしたり、フォローアップの電話をすることを考慮する。
- 家族や友人を治療に加える。
  - ◦青少年の自殺の意図についての情報を親に伝える。
- 評価、治療計画、実際の治療に家族を含める。
  - ◦危険の高い症例については、スーパービジョンやコンサルテーション（セカンドオピニオン）を求める。
  - ◦毎回、明確かつ慎重に記録する。
- もっとも適切な状況で患者を治療する。

◦必要であれば、入院治療を提案する（州の法律による）。

◦臨床的に適切である場合だけに、患者を退院させる。

•適切な自殺予防対策を活用する。

◦入院の状況では、保護室の使用、抑制、頻回のモニター、閉鎖病棟の使用などを考慮する。

◦危険なもの（例 入院病棟で禁止されているもの）を除去し、外来治療の場合には家庭から銃や他の危険をもたらす可能性のあるものを取り除くように助言する。

•適切に薬物を使用する。

◦必要であれば、薬物の評価を依頼する。

◦薬物を処方する場合には、適切な量を使用し、モニターする。


みなされる（Gutheil, 1980）。したがって、適宜、完全かつ正確に診療録を記録することは重要である。記録に際して、なぜ他ではなく、ある特定の決断を下したかという理由を説明しておく。効果的にそうするには、あなたの思考や根拠を記録に残すことである。グタイルはこれを「思考過程を紙にはっきりと書き付ける」と説明している。この過程で、ある特定の決断に関する賛否双方の理由を記録し、それによって、予見される危険と利益を秤にかけたうえで、妥当な結論を下したと示すことができる

（Gutheil, 1980）。

診療録について他の本質的な要素とは何か？

治療に関するいかなるインフォームドコンセントも記録しておく必要がある。精神科治療に際し書面でインフォームドコンセントが必要な州もある。インフォームドコンセントを得たら、それを診療録とともに保管する。しかし、書面のインフォームドコンセントを得るというのは、あくまでもインフォームドコンセントの一要素に過ぎない。インフォームドコンセントとは、治療の適応、危険、利益、他の選択肢について話しあった過程、あるいは現在進行中の話しあいであると理解される。実際に話しあわれた内容やいかなる質問も記録しておくことは、単に署名を得ることよりも有用である。

家族との話しあいや電話での会話も記録しておく。自殺の危険について家族と話しあったということは、薬物療法についてのインフォームドコンセントを得ることと同様に考えるべきであり、記録することを忘れてはならない。

もしもある症例に関してセカンドオピニオンや臨床的なスーパービジョンを得たら、これらを診療録に記載しておくことも役立つ。セカンドオピニオンの実際のコピーを診療録とともに保管しておく。

守秘義務の問題——治療原則を超えて

家族や友人を治療同盟に加え、他の治療者と情報を交換することは、自殺の危険の高い患者の安全で効果的な治療に不可欠であるが、健康に関する情報の秘密を尊重するという法的な責任について知っておくことも重要である。医療保険の携行性と責任に関する法律（Health Insurance Portability and Accountability Act: HIPAA）は、一九九六年に制定された連邦法で、後に二〇〇二年に改訂された。HIPAAは、いかなる形式やメディアにおいても「個人が同定される健康情報」を守るものである。この法律によると、患者にはこの種の情報に対して一連の権利がある。これらの権利のうちのひとつは、健康情報を家族や友人に開示することから保護されるというものがある。この法律の下では、医療従事者は、患者自身あるいは患者の代理人の許可がなければ、他者に対して健康情報の提供はできない。

守秘義務に関する法律は未成年にどのように適応されるのだろうか？

未成年にとって、個人的な代理人はほとんどの場合は親か後見人である。この場合には、親か後見人が子どもの健康情報を守る権利があるだろう。なお、HIPAAは連邦法なので全五〇州とワシントンDCに適用されるのだが、実際には州法に従属している。したがって、未成年の子どもの治療情報に関する親や後見人の権利について例外を設けている州もある。二〇州とワシントンDCにはその種の法律がある。これらの地域では、未成年者に対して、外来精神科治療についての同意の明白な権限を与えている。このうちのいくつかの州では、この例外に最低年齢を設けていたり、臨床家に親に告知する権限を与えていたりするところもある（Boonstra & Nash, 2000）。本質的には、これらの州の多くでは、自分の健康情報を親に伝えるか否かについて未成年者に権利があるとしている。

この点について州法の規定がない場合には、ＨＩＰＡＡはどうすべきか明記している。親が未成年の子どもの健康情報を知ることに関して州法の規定がない場合には、臨床家の裁量により、親に情報を開示するか否かが決められる。ただし、その決定を行うのは、有資格の健康管理の専門家であり、専門家としての判断の実践の範囲でなければならない。青少年とその健康情報保護に関して、読者は自分が活動している州の法律の規定について知っておくことが重要である。

守秘義務を「破る」必要があるのはどのような場合だろうか？

残念ながら、どのような場合に守秘義務を「破る」必要があるのかという点に関して、明白な法の規定は存在しない。安全に関する精神保健の実践において守秘義務についての法廷の判断は一貫していなかった。よく知られたタラソフ判例（Vitaly Tarasoff et al. v. The Regents of the University of California et al.）では、犠牲になる可能性があると同定された人物を守る義務があるとの判断が下された。自殺について考えれば、犠牲になる可能性のある人物とは患者自身であるかもしれないので、安全を確保するうえで有用であると考えられるならば、臨床家は家族や友人にその危険を告知することが許される、あるいはそのように行動すべきであるという意見もあるだろう。しかし、その後の判例では、このような考え方に一致していない。一九七八年の判例（Melanie Bellah et al. v. Daniel P. Greenson）では、患者の秘密を守るという価値のほうが、患者の自殺の可能性を家族に告知することの社会的関心を上回るとの判断が下された。

法の規定では、自殺の危険の高い患者の守秘義務の問題について明白な基準がないのだが、いくつかの有用な臨床的アプローチがある。本書の守秘義務の項（第5章）で解説したように、治療の段階を設定することは非常に重要である。治療が進むにつれて、一人ひとりの患者（そして、それが適切であれば、親）に対して、治療の初めにガイドラインについてよく説明して、どのようにして急性期の安全の問題に対処していくかといった治療段階を設定していくことになる。臨床家は安全の問題や守秘義務に関して自分の方針を患者や親に説明し、患者や親にも安全の問題を誰に伝えるかという点について合意を得ておく。患者に自傷他害の恐れが高まっている場合には、すでに合意されている手続きに基づいて情報開示の決断を下す。この情報は、危険を和らげ、危険を予防すると患者や親が信じている人に対して伝えられる。この過程において法的結果がもたらされる恐れを最小限にするには、慎重に記録しておくことが不可欠である。すべての臨床家が州の法律に熟知し、それに従うことも重要である。さらに、第5章と第6章で解説した協力的ケアアプローチも法的な危険を和らげることになるだろう。訴訟を起こす親は、自分の子どもの治療チームから自分が疎外されたと感じて、怒り、反応していることが多い。十分に情報を与えられていて、自分も治療の過程の一部であると感じていた親は、たとえ悲劇的な出来事が起きても、法的手段を取ろうとは考えないものである。

結論

自殺の危険が高まっている青少年の多くは、効果的に治療され、十分に「回復」して、家庭や学校での妥当な機能に復し、友達ともうまくやっていく。しかし、このような自殺の危険の高い青少年に働きかけていくことは、悲劇的な結末が起きる恐れや、訴訟の可能性の恐れといった恐怖感を臨床家に引き起こすかもしれない。幸い、訴訟を起こされる可能性について恐れることよりも、実際に法廷に引き出される危険ははるかに低い。本章では、法的な危険とともに、臨床家が法的処置からいかに自分を守るかというい くつかの助言について解説した。ただし、この情報は、個人的な法的・危機管理的コンサルテーションの意義の代わりとなるものではない。

監訳者あとがき

本書は、シェリル・キング、シンシア・フォスター、ケリー・ロガルスキー（Cheryl A. King, Cynthia E. Foster, & Kelly M. Rogalski）著、“Teen Suicide Risk: A Practioner Guide to Screening, Assessment, and Management”（The Guilford Press, 2013）の全訳である。

金剛出版から翻訳を依頼されて、本書を手に取って、著者名を見たところ、その最初の名が旧知のキング博士だった（写真）。キング博士は米国自殺予防学会（AAS）の元会長でもあった。訳者も一九八七年以来のAASの会員であり、学会誌 Suicide and Life-Threatening Behavior の編集委員であることもあって、何度かキング博士と直接話をする機会があった。小柄で童顔で、笑顔の素敵な女性で、穏やかな話し方が印象的で、児童・思春期を対象とする臨床心理学の専門家というイメージそのものの人である。

今回、本書を翻訳しながら、キング博士の臨床家としての姿勢がよく理解でき、その肉声が耳元に響いてくるような思いがした。臨床家として、そして、研究者として著名なキング博士と教え子二人との共著である本書は、青少年の治療に関わる人にとって、学ぶ内容が豊富な良書である。

本書は自殺の危険の高い青少年の治療を担当しているセラピストが臨床上で注意すべき事柄に焦点を当ててまとめられているのだが、青少年以外の年代のクライアントを治療している人にとっても示唆に富む内容である。

本書で解説されている内容を、訳者なりにまとめると、次のような過程をたどる。

①セラピストがクライアントと出会い、ラポールを築く。
②危険因子を同定する。
③保護因子を同定する。
④自殺念慮、自殺行動、自殺の意図を探る。
⑤危険について定式化する。
⑥危険の定式化に基づいて自殺の危険の程度を判断し、個々のクライアントに合った介入法を決定する。
⑦判断した内容、その根拠、治療の進展、インフォームドコンセントの内容などをかならず記録しておく。
⑧適切なコンサルテーションを求めるとともに、最新の研究について生涯教育を欠かさない。

まず、さまざまな問題を抱えた青少年のクライアントとの最初の出会いから治療的関係が始まる。セラピストにとって、クライアントとの間にラポールを築くことが第一の課題となるが、その最初の段階から、自殺の危険の評価も始めなければならない。クライアントがセラピストに示す態度からも多くの情報を得ながら、クライアントの危険因子と保護因子を検討していく。自殺についてどのように質問を進めていくかといった点に関しても、丁寧なガイドラインが解説されている。

なお、危険因子と保護因子について一通り質問しただけでは完全な面接とは言えない。とくに青少年の場合、自記式の質問紙を活用すると、対面の面接よりも多くの情報が引き出される場合もある。しかし、自記式質問紙の効果と限界を認識しながら、それを活用する必要がある。さらに、親や学校と連携を取り、追加の重要な情報を得ることの意義についても詳述されている。

クライアントについての情報がある程度収集できた段階では、自殺の危険に関する定式化が次の課題になる。定式化とは、自殺の危険評価の情報を統合したものに基づいて、クライアントが現在呈している急性の危険のレベルに関する判断を下すとともに、その根拠を示すことである。単に危険因子と保護因子を列挙するだけでなく、それらの情報をクライアントの生活史上に現れた意識的・無意識的な自己破壊傾向などと照らし合わせながら、現在の危険のレベルを判断して、今後の治療計画を立てる基礎とする。

さらに、最近の認知行動療法や弁証法的行動療法理論では、「緊急時連絡カード」や「安全計画（あるいは、危機対処計画）」をクライアントと協力して作り上げることの必要性がしばしば指摘されている。

緊急時連絡カードとは、将来再び、自殺の危険が迫った時に、具体的にどこに助けを求めることができるかを一覧にしたカードである。具体的には、クライアントとともに考えながら、以下のような情報を含めたカードを作り、クライアントや親に常に携行するように指示する。クライアントと協力して、緊急時に連絡をする先を列挙していくことによって、クライアントがけっして孤立した存在ではなく、実際には助けを求められる人々が周囲に存在することを理解する手助けにするという役割も、このカードにはある。

- 九一一（緊急電話番号）（わが国であるならば、一一〇や一一九）
- 地域の救急サービスセンターの住所と電

話番号
・自殺予防の電話相談の番号
・担当のセラピストの氏名と電話番号（電話連絡できる時間を明記）
・信頼できる人の氏名と電話番号
・親の氏名と電話番号

さらに、安全計画（危機対処計画）であるが、これもセラピストとクライアントが協力して作り上げることに意義がある。セラピストから一方的にクライアントに指示するというものではない。将来、再び危機的な状況に陥った場合、これまでならば自殺で問題の解決を図ろうとしたのだが、それ以外のより適応力の高い方法を探っていき、それを安全計画としてまとめていく。安全計画の主な目的は、臨床家とクライアントが協力して計画を立てて、クライアントが自殺念慮や自殺衝動を覚えた時に、より適応力の高い対策を身につける助力にするというものである。安全計画によって、クライアントは自分に自殺の危険が迫る契機に気づき、さまざまな対処戦略を統合し、心理的苦痛、自殺念慮、自殺衝動に対処できるようになる。精神症状が緩和され、自殺の危機が過ぎ去ったと思われる状況になったら、セラピストとクライアントが協力して、安全計画を立ててみる意義は大きい。安全計画に含める内容を具体的に挙げると、以下のようになる。

①自殺の危険が高まるきっかけについて考えて、それを一覧にする。
②危機的な状況に対して自分なりの対処法を考えて、それを一覧にする。
③危機的な状況で支えになってくれそうな人々の氏名や連絡先を一覧にする。
④セラピストへの連絡法に関する情報（連絡可能な時間帯、連絡がつかない場合の他の連絡先）を書きあげる。

⑤公的・私的な緊急サービスなどといった危機対応の機関の電話番号書きあげる。
⑥（致死性の高い）自殺企図の手段を制限するという声明を記録する。（米国の場合、とくに銃の厳重な管理や自宅からの撤去が強調されるが、処方薬や市販薬の管理はわが国でも当てはまるだろう。）
⑦自分なりの「生きる意味」について考えてみて、それを記述する。
⑧注意を他に逸らす方法（自傷の衝動にかられた場合に、ごく短期間だけでも注意を他に逸らす方法を考えておく）を記録する。

精神症状の単なる緩和に留まらず、治療者とクライアントが協力をして、安全計画を立てておくというのも、自殺予防の重要な過程の一環と考えるべきである。もしも、将来再び危機的な状況に陥ったならば、その時には、自殺を図ること以外の、どのような方法を取ることができるのかを、クライアントがセラピストと協力して考えていくというのが、安全計画の第一の目的である。

そして、セラピスト、親、学校が十分な連携を取って、情報を共有し、自殺の危険の高い青少年を見守っていくことが重要であると繰り返し強調されていて、具体的な戦略も解説されている。

本書の最後の章では、いかにも米国らしいのだが、法的な問題について取り上げられている。たしかに現在の米国で活動している精神保健の専門家にとって、医療過誤の訴訟を起こされる恐れは現実のものである。しかし、訴訟を起こされる可能性を過度に恐れて、自殺の危険の高い青少年の治療に躊躇しては本末転倒である。現在入手可能なエビデンスに基づいた適切な治療を実施し、親や学校と十分なコミュニケーションを取りながら、青少年を支えていくことが重要である。訴訟の恐れを最小限にとどめる具体的な方法が解説されている。治療の選択に際し、クライアントの置かれた現状を分析し、判断した結果の利益と危険を分析した内容をかならず記録に残しておく。法廷では、「記録されていなかったことは、実施されていなかった」とみなされるというのはしばしば指摘される。なお、適切な記録は、後に治療を振り返り、治療の改善にもつなげる基礎資料になるという意味でも重要である。

本書は、精神科医、臨床心理士、看護師、ソーシャルワーカーといった精神保健の専門家ばかりでなく、学校で子どもたちを見守る役割を果たす教師や養護教諭といった学校の関係者、親といった、自殺の危険の高い青少年を前にして、本人の安全を守るためにどのように接したらよいのか疑問に感じている多くの人々にぜひ一読を勧めたい。

最後になったが、本書の翻訳の企画を提案してくださった金剛出版代表取締役の立石正信氏に深謝する。立石氏は訳者にとって最初の著書である『自殺の危険――臨床的評価と危機介入』（一九九二）を世に送り出してくださり、それ以来、多くの激励をいただいてきた。今回も立石氏の提案と尽力がなければ、本書はそもそも生まれなかったと思われる。

二〇一五年一二月

訳者を代表して
高橋祥友

付録M

学校のサービスを正式に依頼する手紙の例

正式な評価、個別の教育計画、学校での生徒への援助などを依頼する場合には、親は学校に書面の依頼状を提出しなければならない。障害者教育法（Individuals With Disabilities Education Act, 2004）によると、学校は書面の依頼に返信するために10日、評価を完了するために30日を用意すべきである。

拝啓（校長、特別教育調整官、学年主任、学校メンタルヘルスの専門家）、

私の子ども（氏名、生年月日）は、（診断や症状をここに記載）についての不安のため、（病院やクリニック名）でつい最近評価を受けました。その評価のコピーを本状に添付します。

私たちは（診断）が（生徒の）学業（そして、社会的、情緒的、行動的機能）に及ぼす影響を大変心配しています。この理由から、私たちは（生徒氏名）が登校日に追加の配慮やサービスが必要であるかを決めるための評価を実施してくださるようにお願いいたします。

私たちの家族、（生徒の）先生方、（場所）の治療チームが強いパートナーシップを築いて、（生徒の氏名）がこの困難な時期を乗り越えるのを効果的に手助けできることを望んでいます。

どうぞ私（電話番号）に連絡して、評価とサービスを依頼する本状について話しあう時間を設けてください。

敬具

（親の氏名と連絡先）

King, C. A., Foster, C. E., & Rogalski, K.M. : *Teen Suicide Risk: A Practitioner Guide to Screening, Assessment, and Management*より引用。版権Guilford出版、2013年。本書の購入者に限って、この付録のコピーを許可する（詳しくは、版権のページを参照）。本付録のより大きな版は*www.guilford.com/p/king3*で入手できる。

介入	内容
心理療法	
Adolescent Coping with Depression (CWD-A) (思春期のうつ病への対処法)	うつ病の思春期患者が典型的に抱える特定の問題に焦点を当てる、認知行動療法のグループ介入である。これらの問題には、不快感や不安、非合理的で否定的な思考、対人的スキルの低さ、快い活動の経験の乏しさなどが含まれる。
Dialectical Behavior Therapy (弁証法的行動療法)	2つの重要な特徴を備えた認知行動療法的アプローチである。行動療法的な問題解決に焦点を当てつつ、受容に基づいた戦略と、弁証法的過程を強調する点を統合していく。
Multisystemic Therapy with Psychiatric Supports (MSTPsychiatric) (精神医学的サポートを伴うマルチシステミックセラピー)	重症の行動上の問題や、思考障害、双極性感情障害、うつ病、不安、衝動性といった合併する精神保健的症状のために自宅以外の施設(例精神科入院病棟)で自殺の危険の高い若者を治療することが目的である。

介入	内容
Lifelines Curriculum（ライフライン・カリキュラム）	中学生・高校生を対象とした包括的な、学校自殺予防プログラムである。ライフラインの目標は、他者を思いやり、力強い学校環境を育てる。そのような環境において、援助希求的態度を鼓舞し、推奨し、自殺行動を発見し、秘密にしてはならない問題ととらえるように働きかける。
Model Adolescent Suicide Prevention Program: MASPP（手本となる思春期の自殺予防プログラム）	公衆衛生学的な、自殺行動の予防や介入プログラムで、当初は、ニューメキシコ州の農村部のアメリカ先住民の小さな部族を対象として、思春期や若年成人の高い自殺率を焦点に当てていた。
QPR Gatekeeper Training for Suicide Prevention（自殺予防のためのQPRゲートキーパー訓練）	自殺の危険が高い人を発見し、専門家のもとに紹介する役割を担ったゲートキーパー（例親、友人、近隣の人々、教師、コーチ、ケースワーカー、警察官）に対して、自殺の危機の警戒兆候やその対処法を教える1～2時間の短い教育的プログラムである。
Reconnecting Youth: A Peer Group Approach to Building Life Skills（若者の絆を築きなおす：人生のスキルを育むピア・グループ・アプローチ）	生徒（14～19歳）を対象とした学校における予防プログラムで、危険因子に対抗するリジリエンスを育むスキルや、物質乱用や情緒的なストレスに対処する方法を教える。
SOS（Signs of Suicide：自殺のサイン）	高校生を対象とした2日間の介入で、スクリーニングと教育が含まれる。生徒はうつ病と自殺の危険についてのスクリーニングを受けて、必要があれば、専門家のもとに紹介される。
力の源（Sources of Strength）	若者に社会環境的保護の影響を育み、脆弱な高校生に自殺の危険が高まらないようにするための普遍的な自殺予防プログラムである。
TeenScreen（ティーンスクリーン）	自殺や発見されていない精神疾患の危険のために精神科治療が必要な中・高校生を同定するためのプログラムである。この主な目的は、問題を早期に同定し、専門家への適切な紹介を助けることにある。
United States Air Force Suicide Prevention Program（米空軍自殺予防プログラム）	自殺の危険を減らすことを目的とした全兵士向けのプログラムである。米空軍は、社会的サポートを強化し、対人的スキルの発達を促進し、効率的な援助希求的態度を育むように方針を変化させるなど、11の活動を実施した。

付録L

エビデンスに基づく若者の自殺予防介入

物質乱用・精神保健局（SAMHSA）によるエビデンスに基づくプログラムと実践の全国登録のウェブサイト（*www.nrepp.samhsa.gov*）を参照されたい。

介入	内容
教育と研修	
American Indian Life Skills Development/Zuni Life Skills Development（アメリカ先住民人生スキル発達／ズニ人生スキル発達）	14～19歳のアメリカ先住民の自殺率を減らし、保護因子を改善することを目的とした、学校における自殺予防カリキュラムである。
CARE（Care［思いやる］、Assses［評価する］、Respond［対処する］、Empower［エンパワーする］）	以前は、カウンセラーCARE（C-CARE）と思春期の自殺の可能性尺度（MAPS）と呼ばれていたが、自殺の危険の高い青少年を対象とした学校における自殺予防プログラムである。
CAST（Coping［対処］とSupport［サポート］Training［訓練］）	14～19歳の青少年を対象とした学校における自殺予防プログラムである。小グループの形で、人生のスキルと対人的サポートの訓練を実施する。
Emergency Department Means Restriction Education（救急部手段制限教育）	救急部を受診し、自殺の危険についての精神保健評価を受ける必要があると判断された青少年（6～19歳）のケアをする成人を対象とした介入法である。
Emergency Room Intervention for Adolescent Females（思春期女子に対する救急部における介入）	自殺未遂後に救急部に受診した12～18歳の女子のためのプログラム。この介入には、自殺未遂に及んだ女子と救急部に付き添って来院した家族を対象とし、救急部での治療後に、定期的な外来治療を受けて、将来の自殺企図を減らすことを目的としている。
LEADS: For Youth（Linking Education and Awareness of Depression and Suicide：うつ病と自殺に関する教育と意識向上）	9年生から12年生の生徒を対象としたカリキュラムで、うつ病と自殺についての知識を増やし、うつ病と自殺の認識を修正し、自殺予防の資源についての知識を増やし、援助希求的行動に及ぶように働きかける。

King, C. A., Foster, C. E., & Rogalski, K.M. : *Teen Suicide Risk: A Practitioner Guide to Screening, Assessment, and Management*より引用。本付録のより大きな版は*www.guilford.com/p/king3*で入手できる。

ウェブサイト	特徴
www.reachout.com このウェブサイトは、SAMHSAと広告委員会が開設したもので、青少年からの意見も取り入れている。自殺や他の危険因子についての教育を実施する。青少年はビデオやブログで他者と経験を共有する。青少年が互いに助け合うことができるような情報を提供している。	• 青少年を対象とした教育的資料 • 青少年自身の葛藤や回復の経験を投稿できる • 友人を助け、地域の予防活動へと導入できるように、青少年に資源を紹介する
www.cdc.gov/violenceprevention/pub/selfdirected_violence.html 自己に向けられた暴力に関する調査についての情報が無料で入手できる。統一定義と推奨される情報の要素について報告している。	• 自己に向けられた暴力とその意義についての背景情報を提供する • 自己に向けられた暴力の統一定義を解説する • 自殺に関する情報収集に役立つ情報の要素を推奨する

ウェブサイト	特徴
www.afsp.org 米国自殺予防財団（AFSP） 本サイトでは、予防対策や教育的資料が入手できる。AFSPの支部に加わったり、自殺予防の研究者の助成金に関する情報も提供されている。	• 自殺の警戒兆候と危険因子 • 異なる年齢、人種、特別な人口における事実と図表 • 誰かが自殺を考えていると思われた時に何をすべきかについての情報 • 地域で自殺予防活動に参加する機会
www.mentalhealthamerica.net メンタルヘルスアメリカ さまざまな精神障害、治療、最近の話題についての情報を提供する。治療やサポートグループを探すための資料もある。	• 精神保健に関する広範囲な話題 • 自殺を考えている人に当てはまるさまざまな治療法 •「自殺」をキーワードとして検索すると、自殺の警戒兆候、危険な人への援助法、資料などが見つかる
www.effectivechildtherapy.com 認知行動療法学会（ABCT） 児童・思春期臨床心理学会（SCCAP） ABCTとSCCAPの合同のウェブサイトが、広範囲の精神保健上の問題に対する最善の治療について最近の情報を提供している。一般の人々がセラピストを探すための名簿や、臨床家が経験的に支持されている治療法についての情報を提供。	• 入手可能な治療についての資料 • 特定の問題に対する最善の治療法についての情報 • 自殺や思春期といった特定の領域が専門のセラピストを探すオンライン機能
www.mentalhealthscreening.org スクリーニング・フォー・メンタルヘルス 軍隊、地域、学校、職場、医療といったさまざまな領域における精神保健のスクリーニングについての情報を提供。	• 自殺やうつ病についてのファクトシート • スクリーニングやオンライン・キット（有料） • さまざまな精神保健の問題のオンラインスクリーニングの一例
www.yspp.org ワシントン州若者自殺予防プログラム 学校、親、生徒に向けた多くの情報が提供されている。州の各地域によって入手可能な資源が豊富に掲載されている。	• 危険因子や警戒兆候に関するよく質問される事柄のリスト • LGBTの若者に向けた特定の情報や資源 • 参加可能な自殺予防プログラムの研修に関する情報

付録K

役に立つウェブサイト

ウェブサイト	特徴
www.sprc.org 自殺予防リソースセンター（SPRC） SPRCのウェブサイトには、最善の臨床、プライマリケア医のための自殺予防のツールキットといった価値ある資料が掲載されている。米国の自殺予防の歴史やオンライン研修ワークショップの情報などもある。自殺予防の領域の最新情報について、毎週電子メールのニューズレターも提供している。	• 自殺の危険や警戒兆候についてさまざまな役割の人々に向けた情報 • SPRCの自殺予防の専門家との連絡法 • ゲートキーパー訓練などの自殺予防に関する最善の実践情報 • オンラインによる資料ライブラリー
www.suicidepreventionlifeline.com 全米自殺予防ライフライン （1-800-273-TALK）	• 全米の自殺予防電話相談についての情報 • ライフラインのギャラリーには、自殺の後に遺された人々の希望や回復の実際の話も含まれている
www.nimh.nih.gov/health/topics/suicideprevention/index.shtml 国立精神保健研究所（NIMH） NIMHのウェブサイトには、精神保健領域の最近の研究についての情報提供や、一般の人々に参加を求める広報、精神保健の問題や効果的な治療についての本質的な情報も入手できる。	• 自殺の危険因子 • 自殺率についての統計 • 治療や予防についてのファクトシート
www.suicidology.org 米国自殺予防学会（AAS） このウェブサイトには、研究者、遺された人々、臨床家、自殺を考えている人に向けた情報やサポートが含まれる。自殺に関する研修、認証、最近の研究についての情報を提供する。	• 自殺の警戒兆候と危険因子 • 人種、年齢別の自殺率に関するファクトシート • 自殺予防に関与するための方法 • 毎年の自殺予防に関する例会

5. **フィードバックする時にははっきりとした言葉遣いをする。**すなわち、「あなたはすばらしい生徒だ」と言うよりも「あなたが代数でBの成績を取ったのは、私は素晴らしいと思います」、「あなたは酔っ払いで、何の変化もしていないようだ」と言うよりも「あなたが昨晩ロイと一緒に飲んだのは間違いだったと私は思います」などと話しかける。可能な限り、青少年を傷つけたり、絶望感を増したり、誤解の余地を多く残したりするような、漠然とした、一般的なフィードバックをしない。

6. **青少年の手助けとなるためにはあなたは何をすればよいのか青少年の意見を求める。**たとえば、青少年の気分や、学校や友人たちとうまくやっているかを尋ねるのはいつがもっとも都合がよいか青少年に質問してみる。あなたのサポートがどのような形で与えられるのがよいのか、青少年にいくつかの選択肢を与える。たとえば、「私があなたに服薬したかと確認すると、あなたはどのように感じますか？朝はあなたに何も言わない、ノートを残したりメールを送ってみる、下校する前に言葉で服薬について尋ねる。そのどれがもっともよいと思いますか？」

付録J

青少年とのコミュニケーションのヒント

1. **誠実な態度で接する。**とても信じられないようなことを言うよりは、青少年に対して口数が少ないほうがよいだろう。

2. **温かさと率直さを伝える。**温かさ、相手を思いやる態度、さまざまな話題について若者の話を聞きたいという姿勢を見せる。このような話題の中にはこちらが不安になるようなものもあるだろう。話を遮ったり、同意できないなどと意見を述べたり、「すべてはそのうちうまくいく」とか「私はそれほどひどいとは思わない」などといって途中で話を止めたりするよりは、徹底的に聴き役に回るほうがよい。

3. **相手の話を傾聴して、青少年の視点を理解しようとする。**次のような段階を踏むと役立つだろう。
   a．青少年が言ったことを繰り返して、話の内容を明らかにする。あなた自身の言葉で青少年の言った言葉を繰り返し、相手を正しく理解しているかを確かめる。

   b．青少年の考えや気分を理解する。青少年の考えや気分に同意をする必要はないが、それを受け入れることは有用である。

   c．その件に関して、あなた自身の気分や考えを述べる。青少年の視点についてよく話を聞き、その視点を認めたうえで、自分の気分や考えを話す。

4. **「私は」という言い方で話す。**「あなたがこの状況に対処した方法は、私はよいと思います」とか「あなたに起きたことを話してくれましたが、私は心配です」といった具合に、青少年に話しかける。このような話し方は、個人的かつ純粋な関心を示す。「あなたは私を混乱させた」とか「あなたがいつものようなやり方でそれに対処した」などと言うよりは、よほど好ましい。

付録I

親に説明するための自殺の危険兆候

以下のような因子は自殺の危険兆候や危険因子である可能性があるので注意する

- うつ病や他の精神障害
- 行動の目立った変化、極度の不安、焦燥感
- 自殺や死について、話したり、書いたり、コミュニケーションを図ったりする
- 睡眠障害
- 銃の購入
- 自殺未遂歴や過去の自殺行動
- 物質使用（違法薬物やアルコール）
- 誰かの自殺を耳にした

取るべき予防策

- 銃などの武器を自宅から除去する
- 処方薬や市販薬を鍵のかかるところに保管する
- 子どもの行動を注意深く見守る
- 子どもの気分や自殺念慮の存在について毎日質問する
- 問題の多い仲間などとの交際に注意を払う

子どもに自殺の危険が高まったら、何をすべきか

- 子どもと協力して、安全計画を進める
- セラピストや精神科医に連絡する
- 緊急電話にかける（全国危機ホットライン：1-800-273-TALK8255）
- 救急部に受診させる
- 911に電話する

King, C. A., Foster, C. E., & Rogalski, K.M. : *Teen Suicide Risk: A Practitioner Guide to Screening, Assessment, and Management*より引用。版権Guilford出版、2013年。本書の購入者に限って、この付録のコピーを許可する（詳しくは、版権のページを参照）。本付録のより大きな版は*www.guilford.com/p/king3*で入手できる。

f．セラピストや救急部に電話をするか、救急部を受診する

救急電話：911

地域の救急サービス ________________

私の担当医／担当のセラピスト ________________

(電話連絡が可能な時間) ________________

自殺予防電話相談：1-800-273-TALK（8255）

g．自傷行為に用いるいかなる手段も取り除いておく。家族や支えてくれる人の協力を得て、そのような手段が手に入りにくくしておく。

3. 私にとっていくつかのとても重要なものや、生きている価値があるものは

____

____

署名

____

クライアント　日付

____

セラピスト　日付

____

親／後見人（可能であれば）　日付

付録H

安全計画用紙

1. 何が私の自殺念慮や自傷行動の契機になるのだろうか？　私の安全を守り、維持するのに必要な段階を踏む必要がある時をどのように気づくことができるだろうか？

____

____

2. このような契機、自殺念慮、自傷の衝動を感じた時に私が取ることのできる対策

   a．次のようにしてリラックスする ______________

   b．次のように体を動かす ______________

   c．次のようにして注意を他に逸らす ______________

   d．次のような問題を乗り越える言葉（考え）を使う

   ____

   ____

   e．家族、友人、支えてくれる人に連絡する

氏名	電話番号

✓ **意図**：患者は（1）どの程度計画を実行しようとして、（2）その計画によって実際に死ぬと考えていたか否か

＊患者が若者の場合には、親や後見人に、自殺念慮、計画、行動、気分や行動の変化について質問する

＊殺人について質問する：必要であれば、とくに性格障害があったり、妄想的な男性には、他殺についても上記の4領域について質問する

4. **自殺の危険を判定し、介入を開始する**

✓ **評価**：ステップ1～3を終えたら、臨床的判定に基づいて、危険のレベルを評価する

✓ **再評価**：患者や周囲の状況が変化した場合には再評価する

危険のレベル	危険因子と保護因子	自殺の危険	介入法
高	重症の症状を伴う精神障害、急性の契機、保護因子が乏しい	致死性の高い自殺企図、確固とした意図を伴う持続的な自殺念慮、自殺の予行	重要な変化が危険を減らすことがなければ、一般的に入院の適用となる。自殺予防の緊急対応を要する。
中	複数の危険因子、保護因子はほとんど認められない	計画を伴う自殺念慮を認めるが、意図や行動は認めない	危険因子によっては入院が必要かもしれない。危機対処計画を立てる。緊急機関の電話番号を患者に伝える。
低	修正可能な危険因子、確固とした保護因子	死についての考え、自殺の計画、意図、行動はない	外来治療への紹介、症状の緩和。緊急機関の電話番号を患者に伝える。

（本表は危険のレベルと介入法の概要を示してあり、実際の決断の参考にはならない）

5. **記録する**

危険のレベルやその根拠、現在の危険を減らすための治療計画（例 治療の場、薬物療法、心理療法、電気けいれん療法、身内との連絡、コンサルテーション）、必要ならば銃の保管などについて記録する。若年の患者の場合、親や後見人の役割も治療計画に含める。

自殺の危険の評価は患者との最初の出会いで実施する。自殺行動、自殺念慮の増強、関連する臨床的変化に注意を払う。入院患者の場合は、制限を減らす時や、退院を前にして実施する。

1. 危険因子
   - ✓ **自殺行動**：過去における自殺未遂や自傷行為
   - ✓ **現在のあるいは過去の精神障害**：とくに気分障害、精神病障害、アルコール／物質乱用、ADHD、TBI、PTSD、B群パーソナリティ障害、素行障害（反社会的行動、攻撃性、衝動性）
     複数の精神障害に同時に罹患している場合には、自殺の危険が増す
   - ✓ **重要な症状**：快感喪失、衝動性、絶望感、不安／パニック、不眠、命令性の幻聴
   - ✓ **家族歴**：自殺、自殺未遂、入院が必要であった第I軸精神障害の家族歴
   - ✓ **契機／ストレッサー／対人的問題**：恥や絶望感を引き起こした契機（例対人関係の喪失）、（実際の、あるいは空想上の）経済状態や健康状態の変化。現在の身体疾患（例中枢神経系の疾患、疼痛）、中毒。家族間の問題。身体的・性的虐待の経験。社会的孤立
   - ✓ **治療の変化**：精神科病院からの退院、担当医の交代、転院
   - ✓ **銃の手に入りやすさ**

2. 保護因子（保護因子が存在しても、重度で急性の危険に対応できない可能性がある）
   - ✓ **内的保護因子**：ストレスへの対処能力、信仰心、不満耐性
   - ✓ **外的保護因子**：子どもや愛するペットへの責任感、肯定的な治療関係、社会的サポート

3. 自殺について質問する（自殺念慮、計画、行動、意図について特定の質問をする）
   - ✓ **自殺念慮**：頻度、重症度、持続期間。過去48時間、過去1カ月、全生涯について質問する
   - ✓ **計画**：自殺しようとする時期、場所、致死性、実行可能性、準備の行為
   - ✓ **行動**：自殺未遂歴、予行（例縄を結んだ、銃に弾丸を込めた）、あるいは、非自殺性自傷行為

SAFE-T

自殺の評価：5段階の評価とトリアージ

（Suicide Assessment Five-step Evaluation and Triage）

精神保健の専門家のために

1

自殺の危険因子を同定する。
危険因子を修正して、危険を減らす。

2

保護因子を同定する。保護因子を促進する。

3

自殺について質問する。
自殺念慮、計画、行動、意図について。

4

自殺の危険を判定し、介入を開始する。
自殺の危険を判定する。
適切な介入を選択し、危険を減らす。

5

記録する。危険の評価、根拠、介入、
フォローアップについて記録する。

全国自殺予防ライフライン

1-800-273-TALK (8255)

付録G

SAFE-Tカード

資料

- このカードと追加の資料は以下で入手できる。
  www.sprc.org または *www.stopasuicide.org*
- 患者の自殺予防に関する合同会議資料
  www.sprc.org/library/jcsafetygoal.pdf
- SAFE-Tは自殺行動を呈する患者の評価と治療に関する米国医学界ガイドライン
  www.psychiatryonline.com/pracGuide/pracGuideTopic_14.aspx
- 自殺行動を呈する児童・思春期の評価と治療に関する実践の指標
  Journal of the American Academy of Child and Adolescent Psychiatry, 2001, 40（*Supplement*）*: 24s-51s*

謝辞

- ダグラス・ジェイコブズ医学博士によって創案され、メンタルヘルス・スクリーニング社と自殺予防リソースセンターが共同で発展させた。
- 本資料は、物質乱用・精神保健局（SAMHSA）の研究費（1U79SM57392）によって開発された。本資料に掲載されている、知見、結論、提言は著者の意見に基づいていて、かならずしもSAMHSAの意見を表明するものではない。

全国自殺予防ライフライン
1-800-273-TALK (8255)

www.sprc.org　　www.mentalhealthscreening.org

付録F

青少年の自殺の危険評価の記録

評価者 ______________________ 評価日時 __________

クライアント ______________________

危険因子（精神障害、アルコールや違法薬物を現在使用中、トラウマ／虐待／家族の自殺の既往、最近のストレス、病院からの退院や転院、いじめや暴力の被害を受けたといった状況的因子）

自殺念慮や自殺衝動、自殺未遂歴（自殺念慮については、その内容、重症度、頻度、それを自力でコントロールできるかについて記載する。自殺未遂については、回数、契機、方法、機能の分析について記載する。）

精神機能（現在の心理的機能）

保護因子

危険の定式化（危険因子と保護因子をまとめる。危険の程度についての判断を記載する。

行動計画

King, C. A., Foster, C. E., & Rogalski, K.M. : *Teen Suicide Risk: A Practitioner Guide to Screening, Assessment, and Management*より引用。本付録のより大きな版は*www.guilford.com/p/king3*で入手できる。

精神機能評価：臨床的に重症と考えられ、現在認められる項目をチェックする。

- □ 精神的苦痛
- □ 他の選択肢を検討できない
- □ 絶望感
- □ 他者の負担になっている感じ
- □ 恥／自己嫌悪
- □ アルコールや薬物の中毒
- □ 攻撃的行動
- □ 焦燥感
- □ 現実検討能力の低下
- □ 抑うつ気分
- □ 不安
- □ 怒り
- □ 命令性の幻聴
- □ 衝動性
- □ 判断力の低下

メモ：＿＿＿＿＿＿＿＿＿＿＿＿＿＿＿＿

保護因子

家族や他者からの社会的サポート＿＿＿＿＿＿＿＿

問題解決スキル／対処スキル＿＿＿＿＿＿＿＿

将来への期待や生きる意味（青少年が将来に何を期待しているのか記録する）＿＿＿＿＿＿＿＿

文化的／宗教的／地域的確信＿＿＿＿＿＿＿＿

危険の定式化（付録F「青少年の自殺の危険評価の記録」参照）

最近、あるいは過去の自殺未遂歴　　有　　　　無

もしも「有」ならば、

何回自殺未遂があったか？ ______ 回

<u>**最近の自殺未遂**</u>

いつ（日時と状況）______________________________

____

手段 ______________________________

自殺の意図（その質や程度。すなわち、両価性、逃避、用意周到で確固とした意図など）______________________________

自殺未遂が果たしたと思われる機能 ______________________________

状況と契機 ______________________________

<u>**過去の自殺未遂：まとめ**</u>

いつ（日付と状況）______________________________

____

手段 ______________________________

自殺の意図（その質や程度。すなわち、両価性、逃避、用意周到で確固とした意図など）______________________________

自殺未遂が果たしたと思われる機能 ______________________________

状況と契機 ______________________________

他の臨床的危険因子：あてはまるものすべてにチェックする。

- □ **精神障害**
  - □ うつ病／双極性障害
  - □ アルコール／薬物乱用
  - □ 素行障害
  - □ PTSD
  - □ その他
- □ **状況的／対人的**
  - □ 社会的孤立
  - □ いじめの被害
  - □ LGBT
  - □ 他者の自殺の経験
  - □ 地域での群発自殺
- □ **その他**
  - □ 自殺未遂歴
  - □ 自殺念慮、自殺衝動
  - □ 現実検討力の低下
  - □ 過去に認められた攻撃性／暴力
  - □ トラウマや虐待
  - □ 家族の自殺や精神障害
  - □ 親密な関係の喪失
  - □ 恥の経験
  - □ 最近精神科病院からの退院
  - □ 絶望感
  - □ 衝動性
  - □ 精神的苦痛
  - □ 睡眠障害／不眠
  - □ 不安

付録E

青少年の自殺の危険評価ワークシート

評価者 ______________________ 評価日 __________

クライアント ______________________

性別：男　女　　生年月日：__________ 年齢：__________

包括的危険評価の実施理由（例最近の自殺未遂、自殺念慮の報告、退院／転院、新患など）

____

____

情報源（該当者に○をつける）　　青少年　　親／後見人　　その他

面接した人物 ______________________________

面接した人物 ______________________________

面接の様式や質問紙（具体的に）__________________

その他の情報提供者（具体的に）__________________

最近の自殺念慮あるいはその既往　　有　　　無

もしも「有」ならば、自殺念慮の内容

いつ自殺念慮が生じたか？（今日、先週、先月、一生？）

____

頻度 ______________________________________

持続期間（どれほどの強度か？）__________________

クライアントは自殺の方法を考えたか？ ______________

計画があるか？ ______________________________

何らかの準備の行動はあるか？ __________________

はっきりとした契機はあるか？ __________________

付録D

自殺念慮についてすべき質問

- あなたはひどく落ちこんで、これまでに死について考えたり、死んでしまったほうがよいと考えたりしたことがありますか？
- あなたには自分自身の死のイメージが心に浮かびますか？
- あなたは自分自身を傷つけようと考えたことがありますか？　ひどく落ちこんで、自分自身を傷つけようと思ったことがこれまでに何回くらいありますか？
- あなたはうつ病のためにひどく苦しんで、学校や自宅でも必死になって何とかしようとしていますが、自殺を考えたことがありますか？
- あなたはひどく落ちこんでいるように見えます。ひどく落ちこんで、あなたのようにひどく失望すると、自殺について考える青少年もいます。あなたはひどく落ちこんで、自殺について考えることがどれくらいの頻度でありますか？
- あなたは今、自殺について考えていますか？
- あなたは時々、自殺する衝動を覚えることがありますか？　そのような衝動をどれくらいの頻度で覚え、いつ（どのような状況で）この衝動を抱きますか？
- あなたはどれくらいの期間、自殺について考えていましたか？　自殺について最初に考えたのはいつでしたか？
- あなたにはそのような考えがどれくらいの頻度で浮かびますか？
- そのような考えはどれくらいの期間続きますか？　その考えを払いのけるのはどれくらい難しいですか？
- あなたはどのようにして自殺をするか考えてみましたか？
- どのような考えや計画がありますか？
- あなたはこの計画を実行する具体的な方法を取りましたか？（臨床家はこれに引き続いて、より特定の質問をするとよいだろう。たとえば、過量服薬の計画が話題に上ったならば、「あなたは薬瓶を取り出しましたか？」といった質問である。）
- あなたの一部分が死にたいと思っているのですか？
- 何かあなたを傷つけることを防ぐ方法はありますか？
- 来週、来月、来年に、あなたが生きていたいと思うような何か理由はありますか？

King, C. A., Foster, C. E., & Rogalski, K.M. : *Teen Suicide Risk: A Practitioner Guide to Screening, Assessment, and Management*より引用。版権Guilford出版、2013年。本書の購入者に限って、この付録のコピーを許可する（詳しくは、版権のページを参照）。本付録のより大きな版は*www.guilford.com/p/king3*で入手できる。

プログラム	概要
全般的な情報	
Maine Youth Suicide Prevention, Intervention, and Postvention Guidelines: A Resource for School Personnel（メイン州若者の自殺予防、介入、事後対応ガイドライン：学校のスタッフのための資料） *www.maine.gov/suicide/docs/Guidelines%2010-2009–w%20discl.pdf*	この63ページの報告書は、学校における若者の予防について検証している。学校における自殺予防対策に焦点を当て、危機対応計画、危険の高まった状況や学校の内外において起きた自殺未遂に対するガイドライン、事後対応の手引きなどを取り上げている。事後対応の手引きには、自殺や自殺未遂が起きた後の学校スタッフの責任についても触れている。
National Association of School Psychologists. Preventing Youth Suicide: Tips for Parents and Educators（全米学校臨床心理士協会：若者の自殺予防；親と教師のための助言） *www.nasponline.org/resources/crisis_safety/suicideprevention.aspx*	自殺の危険因子や警戒兆候についての助言を挙げている。さらに、自殺のサインに気づいたらどのような行動をとるべきか、自殺予防に関する学校の役割、自殺念慮につながる危険因子の可能性を減らす保護因子などについても触れている。
The Youth Suicide Prevention School-Based Guide（若者の自殺予防についての学校への手引き） *theguide.fmhi.usf.edu*	学校の自殺予防プログラムを評価し、それを改善するための、利用者が活用しやすい情報を提供している。学校における包括的自殺予防プログラムの要素を解説し、自殺を予防する効果的な戦略を示し、学校における予防プログラムを評価するチェックリストも提示している。文献や最近の研究で支持され、証明されている自殺予防戦略を学校のスタッフが実行する手引きも示している。
AAS Guidelines for School-Based Suicide Prevention Programs（全米自殺予防学会による学校における自殺予防プログラムのガイドライン） *www.sprc.org/sites/sprc.org/files/library/aasguideschool.Pdf*	このガイドラインは、学校全体の自殺予防プログラムに必要なことや、とくに危険の高い一部の生徒を対象としたプログラムが必要なことについて検証している。
Stop Bullying Now Campaign（今すぐいじめをやめようキャンペーン） www.stopbullying.gov	このサイトは、子どもや親ばかりでなく、学校の管理者、教師、他のスタッフに向けた情報を提供している。いじめを予防したり、介入したりするための10の「最善の対策」を示し、いじめの状況でどのように介入し、いじめを受けている生徒をどのように支えていくかといった点について助言している。

プログラム	概要
Making Educators Partners in Suicide Prevention (Power Point) （教育者を自殺予防の協力者とする：パワーポイント版） *www.sptsnj.org/educators*	これは学校スタッフを対象とした2時間の研修セッションで、パワーポイントによる無料の詳しい解説が用意されている。自殺についての意識向上研修が学校全体にとってなぜ有益なのかを強調している。学校のスタッフは、自殺についての誤解を訂正し、自殺の危険、警戒兆候、保護因子についての正しい知識を学習できる。さらに、自殺の危険の高い生徒にどのように接するか、有益な資源をどのように入手するかについても学ぶことができる。
Center for Safe and Responsible Internet Use （安全で責任あるインターネット使用に関するセンター） *www.embracecivility.org*	このサイトでは、危険な問題や、インターネット内でのいじめの予防や介入についての行動計画を提案している。このウェブサイトでは、さまざまな年代の青少年を対象として、「安全なインターネット使用」に関する情報を無料で提供している。学区や個々の教師は、専門家が開発した2時間から成るプレゼンテーションを購入でき、これによってデジタルメディアの安全と責任について包括的な理解ができる。
全校対象のスクリーニング・アプローチ	
SOS (Signs of Suicide：自殺のサイン) *www.mentalhealthscreening.org/programs/youth-prevention-programs/sos*	中学生を対象とした2日間の学校における介入で、スクリーニング、教育、研修を含む。生徒はうつ病と自殺の危険についてスクリーニングを受けて、必要であれば、専門家のもとへと紹介される。
Yellow Ribbon Suicide Prevention Program （黄色いリボン自殺予防プログラム） *www.yellowribbon.org*	このウェブサイトは、さまざまなプログラムのリストや今後のイベントの情報を提供し、専門家、家族、遺族のための研修や教育の資料も挙げられている。サイトには、警戒兆候、自殺の危険因子、ゲートキーパー研修の情報や登録、うつ病や自殺予防の資料なども掲載されている。
TeenScreen （ティーンエイジャーのためのスクリーニング）	自殺の危険や診断されていない精神疾患のために精神科治療が必要な中学生、高校生の世代の青少年を同定する。このプログラムの主な目的は、問題の早期発見を助けることである。

付録C

学校のための自殺予防資料
（ガイドラインと教育・啓発プログラム）

プログラム	概要
生徒を対象としたカリキュラム主体の教育、意識向上プログラム	
LEADS for Youth（Linking Education and Awareness of Depression and Suicide：うつ病と自殺に関する教育と意識啓発の連携） *www.sprc.org/sites/sprc.org/files/bpr/LEADSBPRfactsheet.pdf*	SPRCのエビデンスに基づくプログラムで、高校生を対象として、うつ病と自殺に関する情報を教育する3日間のプログラムである。生徒は、自分自身やうつ病の友人にどのように助けを求め、助けを求めるうえでの障害を乗り越える方法について話しあう。
Look Listen Link （探る、聴く、つなげる） *www.sprc.org/sites/sprc.org/files/bpr/LOOKLISTENLINK.pdf*	SPRCのエビデンスに基づくプログラムで、Look Listen Linkカリキュラムは、中学生の年代を対象に開発されている。45分間のセッション4回から成り、ストレスの原因やその対処法を生徒が探る手助けをする。双方向性の研修によって、仲間や自分のうつ病の症状に気づき、援助を求めることができるようになる。
校内スタッフを対象とした研修	
AAS School Suicide Prevention Accreditation Program （AAS学校における自殺予防認証プログラム） *www.suicidology.org/certification-programs/school-professionals*	この自分のペースで進められる独立した学習・研修プログラムは、学区において地域の自殺予防の専門家を育てるために開発された。短いカリキュラムで、警戒兆候、事前予防と事後対応の原則、自殺未遂後の生徒をどのように学校に受け入れるか、外傷的喪失にどう向き合うかを教育する。自殺の危険因子、危険の評価法、自殺の危険の高い生徒の親とどのように向き合うか、生徒と安全に向き合うにはどのようにすべきかを詳しく解説する。

付録B

学校におけるスクリーニング・フォローアップシート

生徒の氏名	スクリーニング陽性判定日	フォローアップ日	親への告知日	紹介／提案	紹介先の利用についてのフォローアップ

付録A

青少年の自殺行動と自殺の危険因子チェックリスト

人口動態学的特徴

- 性別
  - 男（自殺）
  - 女（非致死性自殺行動）
- 人種的背景
  - 黒人の女子の自殺率が最低
  - アメリカ先住民とアラスカ先住民の男子の自殺率が最高

臨床的特徴

- 自殺未遂歴
  複数回の自殺未遂＝最高の危険
- 自殺念慮、自殺の意図
  - とくに計画や準備
- 精神障害
  - うつ病、双極性障害
  - アルコール乱用、物質乱用
  - 素行障害
  - PTSD（心的外傷後ストレス障害）
  - その他（不安障害、統合失調症、摂食障害）
- 他の行為や特徴
  - 非自殺性自傷
  - 絶望感
  - 衝動性
  - 心理的苦痛
  - 現実検討力の低さ
  - 攻撃的傾向、暴力行為の既往
  - B群、C群の特徴
  - パーソナリティ障害
  - 睡眠障害、不眠
  - 学習障害、学習上の問題
- 最近、精神科病院から退院
  最近、治療の変化

家族や対人関係の要因

- 自殺行動や自殺の家族歴
- 精神障害の家族歴
- 性的、身体的虐待
- いじめや悪事の被害
- 仲間との問題、社会的疎外
- 家族の葛藤、サポートの不足、負担感
- LGBT（女性同性愛者、男性同性愛者、両性愛者、性別越境者）

状況的要因

- 他者の自殺の経験
- 致死的な手段の手に入りやすさ（例銃）

最近の人生のストレス

- 親しい関係の喪失や葛藤
- 懲戒処分、恥ずかしい経験

King, C. A., Foster, C. E., & Rogalski, K.M. :*Teen Suicide Risk: A Practitioner Guide to Screening, Assessment, and Management*より引用。版権Guilford出版、2013年。本書の購入者に限って、この付録のコピーを許可する（詳しくは、版権のページを参照)。本付録のより大きな版は*www.guilford.com/p/king3*で入手できる。

付　録

付録A．青少年の自殺行動と自殺の危険因子チェックリスト
付録B．学校におけるスクリーニング・フォローアップシート
付録C．学校のための自殺予防資料：ガイドラインと教育・啓発プログラム
付録D．自殺念慮についてすべき質問
付録E．青少年の自殺の危険評価ワークシート
付録F．青少年の自殺の危険評価の記録
付録G．SAFE-Tカード
付録H．安全計画用紙
付録I．親に説明するための自殺の危険兆候
付録J．青少年とのコミュニケーションのヒント
付録K．役に立つウェブサイト
付録L．エビデンスに基づく若者の自殺予防介入
付録M．学校のサービスを正式に依頼する手紙の例

Vitaly Tarasoff et al. v. The Regents of the University of California et al., 551 P. 2d 334 (1976).

Wagner, B. M., Cole, R. E., & Schwartzman, P. (1996). Comorbidity of symptoms among junior and senior high school suicide attempters. *Suicide and Life-Threatening Behavior, 26* (3), 300–307.

Weist, M., Rubin, M., Moore, E., Adelsheim, S., & Wrobel, G. (2007). Mental health screening in schools. *Journal of School Health, 77* (2), 53–58.

Welner, A., Welner, Z., & Fishman, R. (1979). Psychiatric adolescent inpatients: Eight- to ten-year follow-up. *Archives of General Psychiatry, 36* (6), 698–700.

Whetstone, L. M., Morrissey, S. L., & Cummings, D. M. (2007). Children at risk: The association between perceived weight status and suicidal thoughts and attempts in middle school youth. *Journal of School Health, 77* (2), 59.

Wilcox, H. C., Storr, C. L., & Breslau, N. (2009). Posttraumatic stress disorder and suicide attempts in a community sample of urban American young adults. *Archives of General Psychiatry, 66* (3), 305–311.

Wilkinson, P., Kelvin, R., Roberts, C., Dubicka, B., & Goodyer, I. (2011). Clinical and psychosocial predictors of suicide attempts and nonsuicidal self-injury in the Adolescent Depression Antidepressants and Psychotherapy Trial (ADAPT). *The American Journal of Psychiatry, 168* (5), 495–501.

Wills, T. A., & Cleary, S. D. (1996). How are social support effects mediated?: A test with parental support and adolescent substance use. *Journal of Personality and Social Psychology, 71* (5), 937–952.

Wilson, K. M., & Klein, J. D. (2000). Adolescents who use the emergency department as their usual source of care. *Archives of Pediatrics and Adolescent Medicine, 154* (4), 361–365.

Wintersteen, M. B. (2010). Standardized screening for suicidal adolescents in primary care. *Pediatrics, 125* (5), 938–944.

Wintersteen, M. B., Diamond, G., & Fein, J. (2007). Screening for suicide risk in the pediatric emergency and acute care setting. *Current Opinion in Pediatrics, 19* (4), 398–404.

Wunderlich, U., Bronisch, T., & Wittchen, H. U. (1998). Comorbidity patterns in adolescents and young adults with sucide attempts. *European Archives of Psychiatry and Clinical Neuroscience, 248* (2), 87–95.

Zenere, F. J., & Lazarus, P. J. (2009). The sustained reduction of youth suicidal behavior in a urban, multicultural school district. *School Psychology Review, 38* (2), 189–199.

in adolescents with bipolar affective illness: A five-year naturalistic, prospective follow-up. *Journal of the American Academy of Child & Adolescent Psychiatry, 34* (6), 724–731.

Suicide Prevention Resource Center. (2002). *National Violent Injury Statistics System fact sheet.* Retrieved February 25, 2011, from *www.sprc.org/library/YouthSuicideFactSheet.pdf.*

Suicide Prevention Resource Center. (2008). *Assessing and managing suicide risk: Core competencies for mental health professionals.* Newton, MA: Education Development Center.

Suicide Prevention Resource Center. (2012). *Recommendations for School-Based Suicide Prevention Screening.* Retrieved May 17th, 2012, from *www.sprc.org/sites/sprc.org/files/bpr/ScreeningRecommendations.pdf.*

TeenScreen Primary Care. (2012). *TeenScreen Primary Care: Guide to Coding and Payment.* Retrieved May 23, 2012, from *www.teenscreen.org/images/stories/PDF/Guide-to-Coding-and-Payment-1-5-12.pdf.*

Thompson, E. A., Eggert, L. L., & Herting, J. R. (2000). Mediating effects of an indicated prevention program for reducing youth depression and suicide risk behaviors. *Suicide and Life-Threatening Behavior, 30* (3), 252–271.

Thompson, E. A., Eggert, L. L., Randell, B. P., & Pike, K. C. (2001). Evaluation of indicated suicide risk prevention approaches for potential high school dropouts. *American Journal of Public Health, 91* (5), 742–752.

Toros, F., Bilgin, N. G., Sasmaz, T., Bugdayci, R., & Camdeviren, H. (2004). Suicide attempts and risk factors among children and adolescents. *Yonsei Medical Journal, 45* (3), 367–374.

Tourangeau, R., & Yan, T. (2007). Sensitive questions in surveys. *Psychological Bulletin, 133* (5), 859–883.

Turner, C. F., Ku, L., Rogers, S. M., Lindberg, L. D., Pleck, J. H., & Sonenstein, F. L. (1998). Adolescent sexual behavior, drug use, and violence: Increased reporting with computer survey technology. *Science, 280* (5365), 867–873.

Tylee, A., Haller, D. M., Graham, T., Churchill, R., & Sanci, L. A. (2007). Youth-friendly primary-care services: How are we doing and what more needs to be done? *The Lancet, 369* (9572), 1565–1573.

U.S. Department of Health and Human Services. (2001). *National strategy for suicide prevention: Goals and objectives for action.* Rockville, MD: Public Health Service.

U.S. Public Health Service. (1999). *The Surgeon General's call to action to prevent suicide (1-23).* Washington, DC: Author.

Vandecreek, L., Knapp, S., & Herzog, C. (1987). Malpractice risks in the treatment of dangerous patients. *Psychotherapy, 24* (2), 145–153.

Velting, D. M., Shaffer, D., Gould, M. S., Garfinkel, R., Fisher, P., & Davies, M. (1998). Parent–victim agreement in adolescent suicide research. *Journal of the American Academy of Child and Adolescent Psychiatry, 37* (11), 1161–1166.

depression. *Journal of the American Academy of Child and Adolescent Psychiatry, 43* (1), 71–79.

Shafii, M., Carrigan, S., Whittinghill, J. R., & Derrick, A. (1985). Psychological autopsy of completed suicide in children and adolescents. *American Journal of Psychiatry, 142* (9), 1061–1064.

Shafii, M., Steltz-Lenarsky, J., Derrick, A. M., & Beckner, C. (1988). Comorbidity of mental disorders in the postmortem diagnosis of completed suicide in children and adolescents. *Journal of Affective Disorders, 15* (3), 227–233.

Shea, S. C. (1998a). The chronological assessment of suicide events: A practical interviewing strategy for the elicitation of suicidal ideation. *Journal of Clinical Psychiatry, 59* (Suppl. 20), 58–72.

Shea, S. C. (1998b). *Psychiatric interviewing: The art of understanding a practical guide for psychiatrists, psychologists, counselors, social workers, nurses, and other mental health professionals* (2nd ed.). Philadelphia: Saunders.

Shea, S. C. (2002). *The practical art of suicide assessment: A guide for mental health professionals and substance abuse counselors.* Hoboken, NJ: Wiley.

Sigfusdottir, I. D., Asgeirsdottir, B. B., Gudjonsson, G. H., & Sigurdsson, J. F. (2008). A model of sexual abuse's effects on suicidal behavior and delinquency: The role of emotions as mediating factors. *Journal of Youth and Adolescence, 37* (6), 699–712.

Silverman, M. M., Berman, A. L., Sanddal, N. D., O'Carroll, P. W., & Joiner, T. E. (2007). Rebuilding the tower of Babel: A revised nomenclature for the study of suicide and suicidal behaviors. Part 2: Suicide-related ideations, communications, and behaviors. *Suicide and Life-Threatening Behavior, 37* (3), 264–277.

Simon, R. I. (2001). *Concise guide to psychiatry and law for clinicians* (3rd ed.). Washington, DC: American Psychiatric Publishing.

Simon, R. I. (2002). Suicide risk assessment: What is the standard of care? *Journal of the American Academy of Psychiatry and the Law, 30* (3), 340–344.

Simon, R. I., & Shuman, D. W. (2009). Therapeutic risk management of clinical–legal dilemmas: Should it be a core competency? *Journal of the American Academy of Psychiatry and the Law, 37* (2), 155–161.

Stanley, B., & Brown, G. K. (2008). *Safety plan treatment manual to reduce suicide risk: Veteran's version.* Washington, DC: United States Department of Veteran's Affairs.

Stanley, B., & Brown, G. K. (2012). Safety planning intervention: A brief intervention to mitigate suicide risk. *Cognitive and Behavioral Practice, 19* (2), 256–264.

Stanley, B., Brown, G., Brent, D. A., Wells, K., Poling, K., Curry, J., et al. (2009). Cognitive-behavioral therapy for suicide prevention (CBTSP): Treatment model, feasibility, and acceptability. *Journal of the American Academy of Child and Adolescent Psychiatry, 48* (10), 1005–1013.

Steer, R. A., Kumar, G., & Beck, A. T. (1993a). Hopelessness in adolescent psychiatric inpatients. *Psychological Reports, 72* (2), 559-–564.

Steer, R. A., Kumar, G., & Beck, A. T. (1993b). Self-reported suicidal ideation in adolescent psychiatric inpatients. *Journal of Consulting and Clinical Psychology, 61* (6), 1096–1099.

Strober, M., Schmidt-Lackner, S., Freeman, R., & Bower, S. (1995). Recovery and relapse

(1996). Effectiveness of an outpatient intervention targeting suicidal young adults: Preliminary results. *Journal of Consulting and Clinical Psychology, 64* (1), 179–190.
Ruskin, R., Sakinofsky, I., Bagby, R. M., Dickens, S., & Sousa, G. (2004). Impact of patient suicide on psychiatrists and psychiatric trainees. *Academic Psychiatry, 28* (2), 104–110.
Russell, S. T., & Joyner, K. (2001). Adolescent sexual orientation and suicide risk: Evidence from a national study. *American Journal of Public Health, 91* (8), 1276–1281.

Safer, D. J. (1997). Self-reported suicide attempts by adolescents. *Annals of Clinical Psychiatry, 9* (4), 263–269.
Salzinger, S., Ng-Mak, D. S., Rosario, M., & Feldman, R. S. (2007). Adolescent suicidal behavior: Associations with preadolescent physical abuse and selected risk and protective factors. *Journal of the American Academy of Child and Adolescent Psychiatry, 46* (7), 859–866.
Sanci, L., Lewis, D., & Patton, G. (2010). Detecting emotional disorder in young people in primary care. *Current Opinion in Psychiatry, 23* (4), 318–323.
Sanford, M., Boyle, M., McCleary, L., Miller, J., Steele, M., Duku, E., et al. (2006). A pilot study of adjunctive family psychoeducation in adolescent major depression: Feasibility and treatment effect. *Journal of the American Academy of Child and Adolescent Psychiatry, 45* (4), 386–395.
Scherff, A. R., Eckert, T. L., & Miller, D. N. (2005). Youth suicide prevention: A survey of public school superintendents' acceptability of school-based programs. *Suicide and Life-Threatening Behavior, 35* (2), 154–169.
Scolte, R. H. J., van Lieshout, C. F. M., & van Aken, M. A. G. (2001). Perceived relational support in adolescence: Dimension, configurations, and adolescent adjustment. *Journal of Research on Adolescence, 11* (1), 71–94.
Scott, M. A., Wilcox, H. C., Schonfeld, S., Davies, M., Hicks, R. C., Tuner, J. B., et al. (2008). School-based screening to identify students not already known to school professionals: The Columbia Suicide Screen. *American Journal of Public Health, 99*, 1–6.
Shaffer, D. (1996). Predictive validity of the Suicide Probability Scale among adolescents in group home treatment: Discussion. *Journal of the American Academy of Child and Adolescent Psychiatry, 35* (2), 172–174.
Shaffer, D., Fisher, P., & Lucas, C. (2004). The Diagnostic Interview Schedule for Children (DISC). In M. J. Hilsenroth & D. L. Segal (Eds.), *Comprehensive handbook of psychological assessment, Vol. 2: Personality assessment* (pp. 256–270). Hoboken, NJ: Wiley.
Shaffer, D., Gould, M. S., Fisher, P., & Trautman, P. (1996). Psychiatric diagnosis in child and adolescent suicide. *Archives of General Psychiatry, 53* (4), 339–348.
Shaffer, D., & Pfeffer, C. R. (2001). Practice parameter for the assessment and treatment of children and adolescents with suicidal behavior. *Journal of the American Academy of Child and Adolescent Psychiatry, 40* (Suppl. 7), 24S–51S.
Shaffer, D., Scott, M., Wilcox, H., Maslow, C., Hicks, R., Lucas, C. P., et al. (2004). The Columbia Suicide Screen: Validity and reliability of a screen for youth suicide and

Remafedi, G., French, S., Story, M., Resnick, M. D., & Blum, R. (1998). The relationship between suicide risk and sexual orientation: Results of a population-based study. *American Journal of Public Health, 88* (1), 57–60.

Resnick, M. D., Bearman, P. S., Blum, R. W., Bauman, K. E., Harris, K. M., Jones, J., et al. (1997). Protecting adolescents from harm: Findings from the National Longitudinal Study on Adolescent Health. *Journal of the American Medical Association, 278* (10), 823–832.

Reynolds, W. M. (1987). *Suicidal Ideation Questionnaire—Junior*. Odessa, FL: Psychological Assessment Resources.

Reynolds, W. M. (1988). *Suicidal Ideation Questionnaire: Professional manual.* Odessa, FL: Psychological Assessment Resources.

Reynolds, W. M. (2008). Reynolds Adolescent Depression Scale-2nd Edition: Short Form (RADS-2:SF). Lutz, FL: Psychological Assessment Resources, Inc.

Rhodes, K. V., Lauderdale, D. S., Stocking, C. B., Howes, D. S., Roizen, M. F., & Levinson, W. (2001). Better health while you wait: A controlled trial of a computer-based intervention for screening and health promotion in the emergency department. *Annals of Emergency Medicine, 37* (3), 284–291.

Roane, B. M., & Taylor, D. J. (2008). Adolescent insomnia as a risk factor for early adult depression and substance abuse. *Sleep: Journal of Sleep and Sleep Disorders Research, 31* (10), 1351–1356.

Roland, E. (2002). Bullying, depressive symptoms and suicidal thoughts. *Educational Research, 44* (1), 55–67.

Rooney, M. T., Fristad, M. A., Weller, E. B., & Weller, R. A. (1999). *Administration manual for the ChIPS.* Washington, DC: American Psychiatric Association.

Rotheram-Borus, M. J., & Bradley, J. (1991). Triage model for suicidal runaways. *American Journal of Orthopsychiatry, 61* (1), 122–127.

Rotheram-Borus, M. J., Piacentini, J., Cantwell, C., Belin, T. R., & Song, J. (2000). The 18-month impact of an emergency room intervention for adolescent female suicide attempters. *Journal of Consulting and Clinical Psychology, 68* (6), 1081–1093.

Rubenstein, J. L., Halton, A., Kasten, L., Rubin, C., & Stechler, G. (1998). Suicidal behavior in adolescents: Stress and protection in different family contexts. *American Journal of Orthopsychiatry, 68* (2), 274–284.

Rubenstein, J. L., Heeren, T., Housman, D., Rubin, C., & Stechler, G. (1989). Suicidal behavior in "normal" adolescents: Risk and protective factors. *American Journal of Orthopsychiatry, 59* (1), 59–71.

Rudd, M. D., Berman, A. L., Joiner, T. E., Jr., Nock, M. K., Silverman, M. M., Mandrusiak, M., et al. (2006). Warning signs for suicide: Theory, research, and clinical applications. *Suicide and Life-Threatening Behavior, 36* (3), 255–262.

Rudd, M. D., Joiner, T., & Rajab, M. H. (2001). *Treating suicidal behavior: An effective, time-limited approach.* New York: Guilford Press.

Rudd, M. D., Mandrusiak, M., & Joiner, T. E., Jr. (2006). The case against no-suicide contracts: The commitment to treatment statement as a practice alternative. *Journal of Clinical Psychology, 62* (2), 243–251.

Rudd, M. D., Rajab, M. H., Orman, D. T., Stulman, D. A., Joiner, T. E., Jr., & Dixon, W.

Peters, R. D. (1988). Mental health promotion in children and adolescents: An emerging role for psychology. *Canadian Journal of Behavioural Science, 20* (4), 389–401.

Pfeffer, C. R., Klerman, G. L., Hurt, S. W., & Kakuma, T. (1993). Suicidal children grow up: Rates and psychosocial risk factors for suicide attempts during follow-up. *Journal of the American Academy of Child and Adolescent Psychiatry, 32* (1), 106–113.

Pfeffer, C. R., Newcorn, J. H., Kaplan, G., & Mizruchi, M. S. (1988). Suicidal behavior in adolescent psychiatric inpatients. *Journal of the American Academy of Child and Adolescent Psychiatry, 27* (3), 357–361.

Pfeffer, C. R., Normandin, L., & Kakuma, T. (1994). Suicidal children grow up: Suicidal behavior and psychiatric disorders among relatives. *Journal of the American Academy of Child and Adolescent Psychiatry, 33* (8), 1087–1097.

Pilowsky, D. J., Wu, L.-T., & Anthony, J. C. (1999). Panic attacks and suicide attempts in mid-adolescence. *American Journal of Psychiatry, 156* (10), 1545–1549.

Pokorny, A. D. (1983). Prediction of suicide in psychiatric patients: Report of a prospective study. *Archives of General Psychiatry, 40* (3), 249–257.

Pompili, M., Mancinelli, I., & Tatarelli, R. (2003). Stigma as a cause of suicide. *British Journal of Psychiatry, 183* (2), 173–174.

Posner, K., Brown, G. K., Stanley, B., Brent, D. A., Yershova, K. V., Oquendo, M. A., et al. (2011). The Columbia–Suicide Severity Rating Scale: Initial validity and internal consistency findings from three multisite studies with adolescents and adults. *American Journal of Psychiatry, 168* (12), 1266–1277.

Posner, K., Oquendo, M. A., Gould, M., Stanley, B., & Davies, M. (2007). Columbia Classification Algorithm of Suicide Assessment (C-CASA): Classification of suicidal events in the FDA's pediatric suicidal risk analysis of antidepressants. *American Journal of Psychiatry, 164* (7), 1035–1043.

Prinstein, M. J., Boergers, J., Spirito, A., Little, T. D., & Grapentine, W. L. (2000). Peer functioning, family dysfunction, and psychological symptoms in a risk factor model for adolescent inpatients' suicidal ideation severity. *Journal of Clinical Child Psychology, 29* (3), 392–405.

Prinstein, M. J., Nock, M. K., Spirito, A., & Grapentine, W. L. (2001). Multimethod assessment of suicidality in adolescent psychiatric inpatients: Preliminary results. *Journal of the American Academy of Child and Adolescent Psychiatry, 40* (9), 1053–1061.

Rachlin, S. (1984). Double jeopardy: Suicide and malpractice. *General Hospital Psychiatry, 6*, 302–307.

Ramsay, J. R., & Newman, C. F. (2005). After the attempt: Maintaining the therapeutic alliance following a patient's suicide attempt. *Suicide and Life-Threatening Behavior, 35* (4), 413–424.

Reinecke, M. A., DuBois, D. L., & Schultz, T. M. (2001). Social problem solving, mood, and suicidality among inpatient adolescents. *Cognitive Therapy and Research, 25* (6), 743–756.

Reinert, D. F., & Allen, J. P. (2007). The Alcohol Use Disorders Identification Test: An update of research findings. *Alcoholism: Clinical and Experimental Research, 31* (2), 185–199.

Nock, M. K., Joiner, T. E., Jr., Gordon, K. H., Lloyd-Richardson, E., & Prinstein, M. J. (2006). Non-suicidal self-injury among adolescents: Diagnostic correlates and relation to suicide attempts. *Psychiatry Research, 144* (1), 65–72.

O'Carroll, P. W., Berman, A., Maris, R. W., & Moscicki, E. K. (1996). Beyond the tower of Babel: A nomenclature for suicidology. *Suicide and Life-Threatening Behavior, 26* (3), 237–252.

O'Donnell, L., Stueve, A., Wardlaw, D., & O'Donnell, C. (2003). Adolescent suicidality and adult support: The Reach for Health study of urban youth. *American Journal of Health Behavior, 27* (6), 633–644.

O'Mara, R. M., Hill, R. M., Cunningham, R. M., & King, C. A. (2012). Adolescent and parent attitudes toward screening for suicide risk and mental health problems in the pediatric emergency department. *Pediatric Emergency Care, 28* (7), 626-632.

Olson, A. L., Kemper, K. J., Kelleher, K. J., Hammond, C. S., Zuckerman, B. S., & Dietrich, A. J. (2002). Primary care pediatricians' roles and perceived responsibilities in the identification and management of maternal depression. *Pediatrics, 110* (6), 1169–1176.

Packman, W. L., & Harris, E. A. (1998). Legal issues and risk management in suicidal patients. In B. Bongar, A. L. Berman, R. W. Maris, M. M. Silverman, E. A. Harris, & W. L. Packman (Eds.), *Risk management with suicidal patients* (pp. 150–186). New York: Guilford Press.

Pailler, M. E., Cronholm, P. F., Barg, F. K., Wintersteen, M. B., Diamond, G. S., & Fein, J. A. (2009). Patients' and caregivers' beliefs about depression screening and referral in the emergency department. *Pediatric Emergency Care, 25* (11), 721–727.

Palmer, B. A., Pankratz, V. S., & Bostwick, J. M. (2005). The lifetime risk of suicide in schizophrenia: A reexamination. *Archives of General Psychiatry, 62* (3), 247–253.

Panagioti, M., Gooding, P., & Tarrier, N. (2009). Posttraumatic stress disorder and suicidal behavior: A narrative review. *Clinical Psychology Review, 29* (6), 471–482.

Park, H. S., Schepp, K. G., Jang, E. H., & Koo, H. Y. (2006). Predictors of suicidal ideation among high school students by gender in South Korea. *Journal of School Health, 76* (5), 181–188.

Pealer, L. N., Weiler, R. M., Pigg, R. M., Jr., Miller, D., & Dorman, S. M. (2001). The feasibility of a web-based surveillance system to collect health risk behavior data from college students. *Health Education and Behavior, 29* (5), 547–559.

Pena, J. B., & Caine, E. D. (2006). Screening as an approach for adolescent suicide prevention. *Suicide and Life-Threatening Behavior, 36* (6), 614–637.

Pena, J. B., Matthieu, M. M., Zayas, L. H., Masyn, K. E., & Caine, E. D. (2012). Co-occurring risk behaviors among white, black, and Hispanic U.S. high school adolescents with suicide attempts requiring medical attention, 1999–2007: Implications for future prevention initiatives. *Social Psychiatry and Psychiatric Epidemiology, 47* (1), 29–42.

Perkins, D. F., & Hartless, G. (2002). An ecological risk-factor examination of suicide ideation and behavior of adolescents. *Journal of Adolescent Research, 17* (1), 3–26.

Service utilization for lifetime mental disorders in U.S. adolescents: Results of the National Comorbidity Survey–Adolescent Supplement (NCSA). *Journal of the American Academy of Child and Adolescent Psychiatry, 50* (1), 32–45.

Miklowitz, D. J., Simoneau, T. L., George, E. L., Richards, J. A., Kalbag, A., Sachs-Ericsson, N., et al. (2000). Family-focused treatment of bipolar disorder: 1-year effects of a psychoeducational program in conjunction with pharmacotherapy. *Biological Psychiatry, 48* (6), 582–592.

Miller, A. L., Rathus, J. H., & Linehan, M. M. (2007). *Dialectical behavior therapy with suicidal adolescents*. New York: Guilford Press.

Miller, D. N., & Jome, L. M. (2008). School psychologists and the assessment of childhood internalizing disorders: Perceived knowledge, role preferences and training needs. *School Psychology International, 29* (4), 500–510.

Moscicki, E. K. (1995). Epidemiology of suicidal behavior. *Suicide and Life-Threatening Behavior, 25* (1), 22–35.

MTA Cooperative Group. (1999). Moderators and mediators of treatment response for children with attention-deficit/hyperactivity disorder. *Archives of General Psychiatry, 56*, 1088–1096.

Muehlenkamp, J. J., & Gutierrez, P. M. (2004). An investigation of differences between self-injurious behavior and suicide attempts in a sample of adolescents. *Suicide and Life-Threatening Behavior, 34* (1), 12–23.

Muehlenkamp, J. J., & Gutierrez, P. M. (2007). Risk for suicide attempts among adolescents who engage in non-suicidal self-injury. *Archives of Suicide Research, 11* (1), 69–82.

Myers, K., McCauley, E., Calderon, R., & Treder, R. (1991). The 3-year longitudinal course of suicidality and predictive factors for subsequent suicidality in youths with major depressive disorder. *Journal of the American Academy of Child and Adolescent Psychiatry, 30* (5), 804–810.

National Association of Social Workers. (2009). *Making the case for evidence-based practice*. Retrieved May 16, 2012, from *www.socialworkers.org/practice/adolescent_health/shift/case.asp*.

National Institute for Clinical Excellence, National Collaborating Centre for Mental Health. (2004). *Self-harm: The short-term physical and psychological management and secondary prevention of self-harm in primary and secondary care*. Retrieved from *www.nice.org.uk/nicemedia/live/10946/29424/29424.pdf*

National Research Council and Institute of Medicine of the National Academies. (2009). *Preventing mental, emotional, and behavioral disorders among young people: Progress and possibilities*. Washington, DC: The National Academies Press.

Neumark-Sztainer, D., Story, M., Dixon, L. B., & Murray, D. M. (1998). Adolescents engaging in unhealthy weight-control behaviors: Are they at risk for other health-compromising behaviors? *American Journal of Public Health, 88* (6), 952–955.

New Freedom Commission on Mental Health. (2003). Achieving a promise: Transforming mental health care in America: *Executive summary* (Pub No. SMA-03-3831). Rockville, MD: Department of Health and Human Services.

Mahon, N. E., Yarcheski, A., Yarcheski, T. J., Cannella, B. L., & Hanks, M. M. (2006). A meta-analytic study of predictors for loneliness during adolescence. *Nursing Research, 55* (5), 308–315.

Mann, J. J., Apter, A., Bertolote, J., Beautrais, A. L., Currier, D., Haas, A., et al. (2005). Suicide prevention strategies: A systematic review. *Journal of the American Medical Association, 294* (16), 2064–2074.

Marcell, A. V., & Halpern-Felsher, B. L. (2005). Adolescents' health beliefs are critical in their intentions to seek physician care. *Preventive Medicine, 41* (1), 118–125.

Martin, A. & Volkmar, F. R. (2007). *Lewis's Child and Adolescent Psychiatry*. Philadelphia, PA: Lippincott Williams & Wilkins.

Martin, G., Bergen, H. A., Richardson, A. S., Roeger, L., & Allison, S. (2004). Sexual abuse and suicidality: Gender differences in a large community sample of adolescents. *Child Abuse and Neglect, 28* (5), 491–503.

Marttunen, M. J., Aro, H. M., Henriksson, M. M., & Lonnqvist, J. K. (1991). Mental disorders in adolescent suicide: DSM-III–R Axes I and II diagnoses in suicides among 13 to 19-year-olds in Finland. *Archives of General Psychiatry, 48* (9), 834–839.

Marttunen, M. J., Aro, H. M., & Lonnqvist, J. K. (1992). Adolescent suicide: Endpoint of long-term difficulties. *Journal of the American Academy of Child and Adolescent Psychiatry, 31* (4), 649–654.

Mazza, J. J., & Reynolds, W. M. (1998). A longitudinal investigation of depression, hopelessness, social support, and major and minor life events and their relation to suicidal ideation in adolescents. *Suicide and Life-Threatening Behavior, 28* (4), 358–374.

McGuffin, P., Marusic, A., & Farmer, A. (2001). What can psychiatric genetics offer suicidology? *Crisis: The Journal of Crisis Intervention and Suicide Prevention, 22* (2), 61–65.

McKeown, R. E., Garrison, C. Z., Cuffe, S. P., Waller, J. L., Jackson, K. L., & Addy, C. L. (1998). Incidence and predictors of suicidal behaviors in a longitudinal sample of young adolescents. *Journal of the American Academy of Child and Adolescent Psychiatry, 37* (6), 612–619.

McKnight-Eily, L. R., Eaton, D. K., Lowry, R., Croft, J. B., Presley-Cantrell, L., & Perry, G. S. (2011). Relationships between hours of sleep and health-risk behaviors in US adolescent students. *Preventive Medicine, 53* (4–5), 271–273.

McManus, B. L., Kruesi, M. J., Dontes, A. E., Defazio, C. R., Piotrowski, J. T., & Woodward, P. J. (1997). Child and adolescent suicide attempts: An opportunity for emergency departments to provide injury prevention education. *American Journal of Emergency Medicine, 15* (4), 357–360.

Meehan, J., Kapur, N., Hunt, I. M., Turnbull, P., Robinson, J., Bickley, H., et al. (2006). Suicide in mental health inpatients and within 3 months of discharge: National clinical survey. *British Journal of Psychiatry, 188* (2), 129–134.

Melanie Bellah et al. v. Daniel P. Greenson. , 81 Cal. App. 3d 614 (1978).

Mendenhall, A. N., Fristad, M. A., & Early, T. J. (2009). Factors influencing service utilization and mood symptom severity in children with mood disorders: Effects of multifamily psychoeducation groups (MFPGs). *Journal of Consulting and Clinical Psychology, 77* (3), 463–473.

Merikangas, K. R., He, J., Burstein, M., Swendsen, J., Avenevoli, S., Case, B., et al. (2011).

Child and Adolescent Psychiatry, 46, 40–49.

Klonsky, E. D. (2007). The functions of deliberate self-injury: A review of the evidence. *Clinical Psychology Review, 27* (2), 226–239.

Kruesi, M. J. P., Grossman, J., Pennington, J. M., Woodward, P. J., Duda, D., & Hirsch, J. G. (1999). Suicide and violence prevention: Parent education in the emergency department. *Journal of the American Academy of Child and Adolescent Psychiatry, 38* (3), 250–255.

La Greca, A. M., & Lopez, N. (1998). Social anxiety among adolescents: Linkages with peer relations and friendships. *Journal of Abnormal Child Psychology, 26* (2), 83–94.

LaFromboise, T., & Howard-Pitney, B. (1995). The Zuni life skills development curriculum: Description and evaluation of a suicide prevention program. *Journal of Counseling Psychology, 42* (4), 479–486.

Lewinsohn, P. M., Rohde, P., & Seeley, J. R. (1994). Psychosocial risk factors for future adolescent suicide attempts. *Journal of Consulting and Clinical Psychology, 62* (2), 297–305.

Lewinsohn, P. M., Rohde, P., & Seeley, J. R. (1996). Adolescent suicidal ideation and attempts: Prevalence, risk factors, and clinical implications. *Clinical Psychology: Science and Practice, 3* (1), 25–46.

Lewinsohn, P. M., Rohde, P., Seeley, J. R., & Baldwin, C. L. (2001). Gender differences in suicide attempts from adolescence to young adulthood. *Journal of the American Academy of Child and Adolescent Psychiatry, 40* (4), 427–434.

Li, X., & Phillips, M. R. (2008). Using in-depth interviewing methods with suicide attempters and their associates to assess their ideas about the characteristics and causes of the attempt. *Chinese Mental Health Journal, 22* (1), 43–50.

Liang, H., Flisher, A. J., & Lombard, C. J. (2007). Bullying, violence, and risk behavior in South African school students. *Child Abuse and Neglect, 31* (2), 161–171.

Linehan, M. M. (2011). Dialectical behavior therapy and telephone coaching. *Cognitive and Behavioral Practice, 18* (2), 207–208.

Linehan, M. M., Comtois, K. A., Murray, A. M., Brown, M. Z., Gallop, R. J., Heard, H. L., et al. (2006). Two-year randomized controlled trial and follow-up of dialectical behavior therapy vs. therapy by experts for suicidal behaviors and borderline personality disorder. *Archives of General Psychiatry, 63* (7), 757–766.

Liu, R. T., & Mustanski, B. (2012). Suicidal ideation and self-harm in lesbian, gay, bisexual, and transgender youth. *American Journal of Preventive Medicine*, 42 (3), 221-228.

Liu, X. (2004). Sleep and Adolescent Suicidal Behavior. *Sleep: Journal of Sleep and Sleep Disorders Research, 27* (7), 1351–1358.

Lowenstein, S. R., Koziol-McLain, J., Thompson, M., Bernstein, E., Greenberg, K., Gerson, L. W., et al. (1998). Behavioral risk factors in emergency department patients: A multisite survey. *Academic Emergency Medicine, 5* (8), 781–787.

Luoma, J. B., Martin, C. E., & Pearson, J. L. (2002). Contact with mental health and primary care providers before suicide: A review of the evidence. *American Journal of Psychiatry, 159* (6), 909–916.

King, C. A. (1997). Suicidal behavior in adolescence. In R. Maris, M. Silverman, & S. Canetto (Eds.), *Review of suicidology, 1997* (pp. 61–95). New York: Guilford Press.

King, C. A., Gipson, P. Y., Agarwala, P., & Opperman, K. J. (November 2011). *Using the C-SSRS to assess adolescents in psychiatric emergency settings: Predictive validity across a one-year period.* Paper presented at the National Network of Depression Centers Annual Conference, Baltimore, MD.

King, C. A., Hovey, J. D., Brand, E., & Ghaziuddin, N. (1997). Prediction of positive outcomes for adolescent psychiatric inpatients. *Journal of the American Academy of Child and Adolescent Psychiatry, 36* (10), 1434–1442.

King, C. A., Hovey, J. D., Brand, E., & Wilson, R. (1997). Suicidal adolescents after hospitalization: Parent and family impacts on treatment follow-through. *Journal of the American Academy of Child and Adolescent Psychiatry, 36* (1), 85–93.

King, C. A., Jiang, Q., Czyz, E., & Kerr, D. C. R. (2012). *Twelve-month predictive validity of suicidal ideation for psychiatrically hospitalized adolescent boys and girls.* Manuscript submitted for publication.

King, C. A., Klaus, N. M., Kramer, A., Venkataraman, S., Quinlan, P., & Gillespie, B. (2009). The Youth Nominated Support Team for suicidal adolescents—version II: A randomized control intervention trial. *Journal of Consulting and Clinical Psychology, 77* (5), 880–893.

King, C. A., & Merchant, C. R. (2008). Social and interpersonal factors relating to adolescent suicidality: A review of the literature. *Archives of Suicide Research, 12* (3), 181–196.

King, C. A., O'Mara, R. M., Hayward, C. N., & Cunningham, R. M. (2009). Adolescent suicide risk screening in the emergency department. *Academic Emergency Medicine, 16* (11), 1234–1241.

King, C. A., Segal, H. G., Kaminski, K., & Naylor, M. W. (1995). A prospective study of adolescent suicidal behavior following hospitalization. *Suicide and Life-Threatening Behavior, 25* (3), 327–338.

King, C. A., Segal, H. G., Naylor, M. W., & Evans, T. (1993). Family functioning and suicidal behavior in adolescent inpatients with mood disorders. *Journal of the American Academy of Child and Adolescent Psychiatry, 32* (6), 1198–1206.

Klaus, N. M., & Fristad, M. A. (2005). Family psychoeducation as a valuable adjunctive intervention for children with bipolar disorder. *Directions in Psychiatry, 25* (3), 217–230.

Klaus, N. M., Mobilio, A., & King, C. A. (2009). Parent–adolescent agreement concerning adolescents' suicidal thoughts and behaviors. *Journal of Clinical Child and Adolescent Psychology, 38* (2), 245–255.

Kleespies, P. M., Penk, W. E., & Forsyth, J. P. (1993). The stress of patient suicidal behavior during clinical training: Incidence, impact, and recovery. *Professional Psychology: Research and Practice, 24* (3), 293–303.

Klimes-Dougan, B. (1998). Screening for suicidal ideation in children and adolescents: Methodological considerations. *Journal of Adolescence, 21* (4), 435–444.

Klomek, A. B., Marrocco, F., Kleinman, M., Schonfeld, I. S., & Gould, M. (2007). Bullying, depression, and suicidality in adolescents. *Journal of the American Academy of*

Assessment of psychiatrically hospitalized suicidal adolescents: Self-report instruments as predictors of suicidal thoughts and behavior. *Journal of the American Academy of Child and Adolescent Psychiatry, 46* (3), 387–395.

Jacob, S. (2009). Putting it all together: Implications for school psychology. *School Psychology Review, 38* (2), 239–243.

Jessor, R. (1991). Risk behavior in adolescence: A psychosocial framework for understanding and action. *Journal of Adolescent Health, 12* (8), 597–605.

Jobes, D. A. (2006). *Managing suicidal risk: A collaborative approach.* New York: Guilford Press.

Jobes, D. A., & Maltsberger, J. T. (1995). The hazards of treating suicidal patients. In M. B. Sussman (Ed.), *A perilous calling: The hazards of psychotherapy practice* (pp. 200–214). Oxford UK: Wiley.

Johnson, J. G., Cohen, P., Gould, M. S., Kasen, S., Brown, J., & Brook, J. S. (2002). Childhood adversities, interpersonal difficulties, and risk for suicide attempts during late adolescence and early adulthood. *Archives of General Psychiatry, 59* (8), 741–749.

Kalafat, J. (2003). School approaches to youth suicide prevention. *American Behavioral Scientist, 46* (9), 1211–1223.

Kalafat, J., & Elias, M. (1992). Adolescents' experience with and response to suicidal peers. *Suicide and Life-Threatening Behavior, 22*, 315–321.

Kaltiala-Heino, R., Rimpelä, M., Marttunen, M. J., Rimpelä, A., & Rantanen, P. (1999). Bullying, depression, and suicidal ideation in Finnish adolescents: School survey. *British Medical Journal, 319* (7206), 348–351.

Karver, M. S., Handelsman, J. B., Fields, S., & Bickman, L. (2006). Metaanalysis of therapeutic relationship variables in youth and family therapy: The evidence for different relationship variables in the child and adolescent treatment outcome literature. *Clinical Psychology Review, 26* (1), 50–65.

Kashden, J., Fremouw, W. J., Callahan, T. S., & Franzen, M. D. (1993). Impulsivity in suicidal and nonsuicidal adolescents. *Journal of Abnormal Child Psychology, 21* (3), 339–353.

Kaufman, J., Birmaher, B., Brent, D. A., & Rao, U. (1997). Schedule for Affective Disorders and Schizophrenia for School-Age Children—Present and Lifetime version (K-SADS-PL): Initial reliability and validity data. *Journal of the American Academy of Child and Adolescent Psychiatry, 36* (7), 980–988.

Kautz, C., Mauch, D., & Smith, S. A. (2008). *Reimbursement of mental health services in primary care settings* (HHS Pub. No. SMA-08-4324). Rockville, MD: Center for Mental Health Services, Substance Abuse and Mental Health Services Administration.

Kerr, D. C. R., Preuss, L. J., & King, C. A. (2006). Suicidal adolescents' social support from family and peers: Gender-specific associations with psychopathology. *Journal of Abnormal Child Psychology, 34* (1), 103–114.

Kim, Y. S., & Leventhal, B. (2008). Bullying and suicide: A review. *International Journal of Adolescent Medicine and Health, 20* (2), 133–154.

Gould, M. S., Marrocco, F. A., Kleinman, M., Thomas, J. G., Mostkoff, K., Cote, J., et al. (2005). Evaluating iatrogenic risk of youth suicide screening programs: A randomized controlled trial. *Journal of the American Medical Association, 293* (13), 1635–1643.

Gould, M. S., Wallenstein, S., & Kleinman, M. (1990). Time–space clustering of teenage suicide. *American Journal of Epidemiology, 131* (1), 71–78.

Grossman, D. C., Milligan, B. C., & Deyo, R. A. (1991). Risk factors for suicide attempts among Navajo adolescents. *American Journal of Public Health, 81* (7), 870–874.

Groves, S. A., Stanley, B. H., & Sher, L. (2007). Ethnicity and the relationship between adolescent alcohol use and suicidal behavior. *International Journal of Adolescent Medicine and Health, 19* (1), 19–25.

Gutheil, T. G. (1980). Paranoia and progress notes: A guide to forensically informed psychiatric recordkeeping. *Hospital and Community Psychiatry, 31* (7), 479–482.

Hallfors, D. D., Waller, M. W., Ford, C. A., Halpern, C. T., Brodish, P. H., & Iritani, B. (2004). Adolescent depression and suicide risk: Association with sex and drug behavior. *American Journal of Preventive Medicine, 27* (3), 224–230.

Hamann, C. J., Larkin, G. L., Brown, B., Schwann, C., & George, V. (2007). Differences in computer prompted self-report and physician elicited responses in screening of emergency department patients for substance use and abuse. *Annals of Emergency Medicine, 50* (3,Suppl. 1), S43–S43.

Haynie, D. L., South, S. J., & Bose, S. (2006). Residential mobility and attempted suicide among adolescents: An individual-level analysis. *Sociological Quarterly, 47* (4), 693–721.

Heath, A. C., Howells, W., Bucholz, K. K., Glowinski, A. L., Nelson, E. C., & Madden, P. A. F. (2002). Ascertainment of a midwestern U.S. female adolescent twin cohort for alcohol studies: Assessment of sample representativeness using birth record data. *Twin Research, 5* (2), 107–112.

Heila, H., Isometsa, E. T., Henriksson, M. M., Heikkinen, M. E., Marttunen, M. J., & Lonnqvist, J. K. (1997). Suicide and schizophrenia: A nationwide psychological autopsy study on age- and sex-specific clinical characteristics of 92 suicide victims with schizophrenia. *American Journal of Psychiatry, 154* (9), 1235–1242.

Horesh, N., Gothelf, D., Ofek, H., Weizman, T., & Apter, A. (1999). Impulsivity as a correlate of suicidal behavior in adolescent psychiatric inpatients. *Crisis: The Journal of Crisis Intervention and Suicide Prevention, 20* (1), 8–14.

Horowitz, L. M., Ballard, E., Teach, S., J., Bosk, A., Robensteing, D., L., Paramjit, J., et al. (2010). Feasibility of screening patients with nonpsychiatric complaints for suicide risk in pediatric emergency department. *Pediatric Emergency Care, 26* (11), 787–792.

Horowitz, L. M., Wang, P. S., Koocher, G. P., Burr, B. H., Smith, M. F., Klavon, S., & Cleary, P. D. (2001). Detecting suicide risk in a pediatric emergency department: Development of a brief screening tool. *Pediatrics, 107* (5), 1133-1137.

Husky, M. M., McGuire, L., Flynn, L., Chrostowski, C., & Olfson, M. (2009). Correlates of help-seeking behavior among at-risk adolescents. *Child Psychiatry and Human Development, 40* (1), 15–24.

Huth-Bocks, A. C., Kerr, D. C. R., Ivey, A. Z., Kramer, A. C., & King, C. A. (2007).

Garofalo, R., Wolf, R. C., Wissow, L. S., Woods, E. R., & Goodman, E. (1999). Sexual orientation and risk of suicide attempts among a representative sample of youth. *Archives of Pediatrics and Adolescent Medicine, 153* (5), 487–493.

Giaconia, R. M., Reinherz, H. Z., Silverman, A. B., & Pakiz, B. (1995). Traumas and post-traumatic stress disorder in a community population of older adolescents. *Journal of the American Academy of Child and Adolescent Psychiatry, 34* (10), 1369–1380.

Goldstein, M. J. (1978). Drug and family therapy in the aftercare of acute schizophrenics. *Archives of General Psychiatry, 35* (10), 1169–1177.

Goldstein, T. R., Birmaher, B., Axelson, D., Ryan, N. D., Strober, M. A., Gill, M. K., et al. (2005). History of suicide attempts in pediatric bipolar disorder: Factors associated with increased risk. *Bipolar Disorders, 7* (6), 525–535.

Goldstein, T. R., Bridge, J. A., & Brent, D. A. (2008). Sleep disturbance preceding completed suicide in adolescents. *Journal of Consulting and Clinical Psychology, 76* (1), 84–91.

Goldston, D. B. (2003). *Measuring suicidal behavior and risk in children and adolescents.* Washington, DC: American Psychological Association.

Goldston, D. B., Daniel, S. S., Reboussin, B. A., Reboussin, D. M., Frazier, P. H., & Harris, A. E. (2001). Cognitive risk factors and suicide attempts among formerly hospitalized adolescents: A prospective naturalistic study. *Journal of the American Academy of Child and Adolescent Psychiatry, 40* (1), 91–99.

Goldston, D. B., Daniel, S. S., Reboussin, D. M., Reboussin, B. A., Frazier, P. H., & Kelley, A. E. (1999). Suicide attempts among formerly hospitalized adolescents: A prospective naturalistic study of risk during the first 5 years after discharge. *Journal of the American Academy of Child and Adolescent Psychiatry, 38* (6), 660–671.

Goldston, D. B., Daniel, S. S., Reboussin, D. M., Reboussin, B. A., Kelley, A. E., & Frazier, P. H. (1998). Psychiatric diagnoses of previous suicide attempters, first-time attempters, and repeat attempters on an adolescent inpatient psychiatry unit. *Journal of the American Academy of Child and Adolescent Psychiatry, 37* (9), 924–932.

Gould, M. S., Fisher, P., Parides, M., Flory, M., & Shaffer, D. (1996). Psychosocial risk factors of child and adolescent completed suicide. *Archives of General Psychiatry, 53* (12), 1155–1162.

Gould, M. S., Greenberg, T., Velting, D. M., & Shaffer, D. (2003). Youth suicide risk and preventive interventions: A review of the past 10 years. *Journal of the American Academy of Child and Adolescent Psychiatry, 42* (4), 386–405.

Gould, M. S., Hendin, H., & Mann, J. J. (2001). Suicide and the media. In H. Hendin & J. J. Mann (Eds.), *The clinical science of suicide prevention* (pp. 200–224). New York: New York Academy of Sciences.

Gould, M. S., King, R. A., Greenwald, S., Fisher, P., Schwab-Stone, M., Kramer, R., et al. (1998). Psychopathology associated with suicidal ideation and attempts among children and adolescents. *Journal of the American Academy of Child and Adolescent Psychiatry, 37* (9), 915–923.

Gould, M. S., Marrocco, F. A., Hoagwood, K., Kleinman, M., Amakawa, L., & Altschuler, E. (2009). Service use by at-risk youths after schoolbased suicide screening. *Journal of the American Academy of Child and Adolescent Psychiatry, 48* (12), 1193–1201.

suicidal ideation and attempts in a community sample of junior high and high school students. *Journal of Clinical Child Psychology, 18* (2), 158–166.

East, P. L., Hess, L. E., & Lerner, R. M. (1987). Peer social support and adjustment of early adolescent peer groups. *Journal of Early Adolescence, 7* (2), 153–163.

Eckert, T. L., Miller, D. N., DuPaul, G. J., & Riley-Tillman, T. C. (2003). Adolescent suicide prevention: School psychologists' acceptability of school-based programs. *School Psychology Review, 32* (1), 57–76.

Eckert, T. L., Miller, D. N., Riley-Tillman, T. C., & DuPaul, G. J. (2006). Adolescent suicide prevention: Gender differences in students' perceptions of the acceptability and intrusiveness of school-based screening programs. *Journal of School Psychology, 44* (4), 271–285.

Esposito-Smythers, C., & Spirito, A. (2004). Adolescent substance use and suicidal behavior: A review with implications for treatment research. *Alcoholism: Clinical and Experimental Research, 28*, 77S–88S.

Esposito-Smythers, C., Spirito, A., Kahler, C. W., Hunt, J., & Monti, P. (2011). Treatment of co-occurring substance abuse and suicidality among adolescents: A randomized trial. *Journal of Consulting and Clinical Psychology, 79* (6):728–739.

Fein, J. A., Pailler, E. P., Barg, F. K., Wintersteen, M. B. H., K., Tien, A., & Diamond, G. S. (2010). Feasibility and effects of a web-based adolescent psychiatric assessment administered by clinical staff in the pediatric emergency department. *Archives of Pediatric and Adolescent Medicine, 164* (12), 1112–1117.

Fergusson, D. M., Woodward, L. J., & Horwood, L. J. (2000). Risk factors and life processes associated with the onset of suicidal behaviour during adolescence and early adulthood. *Psychological Medicine, 30* (1), 23–39.

Folse, V. N., Eich, K. N., Hall, A. M., & Ruppman, J. B. (2006). Detecting suicide risk in adolescents and adults in an emergency department: A pilot study. *Journal of Psychosocial Nursing and Mental Health Services, 44* (3), 22–29.

Fotheringham, M. J., & Sawyer, M. G. (1995). Do adolescents know where to find help for mental health problems? A brief report. *Journal of Paediatrics and Child Health, 31* (1), 41–43.

Frankenfield, D. L., Keyl, P. M., Gielen, A., Wissow, L. S., Werthamer, L., & Baker, S. P. (2000). Adolescent patients—healthy or hurting?: Missed opportunities to screen for suicide risk in the primary care setting. *Archives of Pediatrics and Adolescent Medicine, 154* (2), 162–168.

Fristad, M. A., Verducci, J. S., Walters, K., & Young, M. E. (2009). Impact of multifamily psychoeducational psychotherapy in treating children aged 8 to 12 years with mood disorders. *Archives of General Psychiatry, 66* (9), 1013–1020.

Garlow, S. J., Rosenberg, J., Moore, J. D., Haas, A. P., Koestner, B., Hendin, H., et al. (2008). Depression, desperation, and suicidal ideation in college students: Results from the American Foundation for Suicide Prevention College Screening Project at Emory University. *Depression and Anxiety, 25* (6), 482–488.

Services Review, 33 (11), 2112–2118.
Costello, E. J., Angold, A., Cicchetti, D., & Cohen, D. J. (2006). Developmental epidemiology. In D. Cicchetti & D. J. Cohen (Eds.), *Developmental psychopathology, Vol 1: Theory and method* (2nd ed., pp. 41–75). Hoboken, NJ: Wiley.
Cronholm, P. F., Barg, F. K., Pailler, M. E., Wintersteen, M. B., Diamond, G. S., & Fein, J. A. (2010). Adolescent depression: Views of health care providers in a pediatric emergency department. *Pediatric Emergency Care, 26* (2), 111.
Crosby, A. E., Ortega, L., & Melanson, C. (2011). *Self-directed violence surveillance: Uniform definitions and recommended data elements, Version 1.0.* Atlanta: Centers for Disease Control and Prevention, National Center for Injury Prevention and Control.
Cuffe, S. P., Waller, J. L., Addy, C. L., McKeown, R. E., Jackson, K. L., Moloo, J., et al. (2001). A longitudinal study of adolescent mental health service use. *The Journal of Behavioral Health Services and Research, 28* (1), 1–11.
Cumsille, P. E., & Epstein, N. (1994). Family cohesion, family adaptability, social support, and adolescent depressive symptoms in outpatient clinic families. *Journal of Family Psychology, 8* (2), 202–214.

D'Augelli, A. R., Grossman, A. H., Salter, N. P., Vasey, J. J., Starks, M. T., & Sinclair, K. O. (2005). Predicting the suicide attempts of lesbian, gay, and bisexual youth. *Suicide and Life-Threatening Behavior, 35* (6), 646–660.
D'Augelli, A. R., Hershberger, S. L., & Pilkington, N. W. (2001). Suicidality patterns and sexual orientation-related factors among lesbian, gay, and bisexual youths. *Suicide and Life-Threatening Behavior, 31* (3), 250–264.
Daniel, S. S., & Goldston, D. B. (2009). Interventions for suicidal youth: A review of the literature and developmental considerations. *Suicide and Life-Threatening Behavior, 39* (3), 252–268.
Daniel, S. S., Walsh, A. K., Goldston, D. B., Arnold, E. M., Reboussin, B. A., & Wood, F. B. (2006). Suicidality, school dropout, and reading problems among adolescents. *Journal of Learning Disabilities, 39* (6), 507–514.
Davies, M., & Cunningham, G. (1999). Adolescent parasuicide in the Foyle area. *Irish Journal of Psychological Medicine*, 16 (1), 9-12. David-Ferdon, C., & Kaslow, N. J. (2008). Evidence-based psychosocial treatments for child and adolescent depression. *Journal of Clinical Child and Adolescent Psychology, 37* (1), 62–104.
DeJong, T. M., & Overholser, J. C. (2009). Assessment of depression and suicidal actions: Agreement between suicide attempters and informant reports. *Suicide and Life-Threatening Behavior, 39* (1), 38–46.
Delfabbro, P., Winefield, T., Trainor, S., Dollard, M., Anderson, S., Metzer, J., et al. (2006). Peer and teacher bullying/victimization of South Australian secondary school students: Prevalence and psychosocial profiles. *British Journal of Educational Psychology, 76* (1), 71–90.
Diamond, G., Levy, S., Bevans, K. B., Fein, J. A., Wintersteen, M. B., Tien, A., et al. (2010). Development, validation, and utility of internet-based, behavioral health screen for adolescents. *Pediatrics, 126* (1), e163–e170.
Dubow, E. F., Kausch, D. F., Blum, M. C., Reed, J., & Bush, E. (1989). Correlates of

Psychiatric risk factors for adolescent suicide: A case–control study. *Journal of the American Academy of Child and Adolescent Psychiatry, 32* (3), 521–529.

Brent, D. A., Perper, J. A., Moritz, G., & Baugher, M. (1993a). Stressful life events, psychopathology, and adolescent suicide: A case–control study. *Suicide and Life-Threatening Behavior, 23* (3), 179–187.

Brent, D. A., Perper, J. A., Moritz, G., & Baugher, M. (1993b). Suicide in adolescents with no apparent psychopathology. *Journal of the American Academy of Child and Adolescent Psychiatry, 32* (3), 494–500.

Brent, D. A., Perper, J. A., Moritz, G., & Liotus, L. (1994). Familial risk factors for adolescent suicide: A case–control study. *Acta Psychiatrica Scandinavica, 89* (1), 52–58.

Britto, M. T., Klostermann, B. K., Bonny, A. E., Altum, S. A., & Hornung, R. W. (2001). Impact of a school-based intervention on access to healthcare for underserved youth. *Journal of Adolescent Health, 29* (2), 116–124.

Brown, G. K., Ten Have, T. R., Henriques, G. R., Xie, S. X., Hollander, J. E., & Beck, A. T. (2005). Cognitive therapy for the prevention of suicide attempts: A randomized controlled trial. *Journal of the American Medical Association, 294* (5), 563–570.

Brown, R. T., Antonuccio, D. O., DuPaul, G. J., Fristad, M. A., King, C. A., Leslie, L. K., et al. (2008). *Childhood mental health disorders: Evidence base and contextual factors for psychological, psychopharmacological, and combined interventions*. Washington, DC: American Psychological Association.

Bryan, C. J., & Rudd, M. D. (2006). Advances in the assessment of suicide risk. *Journal of Clinical Psychology, 62* (2), 185–200. Centers for Disease Control and Prevention. (2011). *2011 State and Local Youth Risk Behavior Survey*. Retrieved December 19, 2012, from www.cdc.gov/healthyyouth/yrbs/pdf/questionnaire/2009HighSchool.pdf

Centers for Disease Control and Prevention. (2012a). *Web-based Injury Statistics Query and Reporting System (WISQARS)*. Retrieved May 11, 2012, from *www.cdc.gov/ncipc/wisqars*.

Centers for Disease Control and Prevention. (2012b). *Youth Risk Behavior Surveillance—United States, 2011*. Retrieved October 22, 2012, from *www.cdc.gov/mmwr/pdf/ss/ss6104.pdf*.

Chemtob, C. M., Hamada, R. S., Bauer, G., Kinney, B., & Torigoe, R. Y. (1988). Patients' suicides: Frequency and impact on psychiatrists. *American Journal of Psychiatry, 145* (2), 224–228.

Chemtob, C. M., Hamada, R. S., Bauer, G., Torigoe, R. Y., & Kinney, B. (1988). Patient suicide: Frequency and impact on psychologists. *Professional Psychology: Research and Practice, 19* (4), 416–420.

Claassen, C. A., & Larkin, G. L. (2005). Occult suicidality in an emergency department population. *The British Journal of Psychiatry, 186* (4), 352–353.

Conwell, Y., Duberstein, P. R., Cox, C., Herrmann, J. H., Forbes, N. T., & Caine, E. D. (1996). Relationships of age and axis I diagnoses in victims of completed suicide: A psychological autopsy study. *American Journal of Psychiatry, 153* (8), 1001–1008.

Corcoran, J., Dattalo, P., Crowley, M., Brown, E., & Grindle, L. (2011). A systematic review of psychosocial interventions for suicidal adolescents. *Children and Youth*

Psychology, 62 (2), 171–184.

Berman, A. L. (2009). School-based prevention: Research advances and practice implications. *School Psychology Review, 38* (2), 233–238.

Berman, A. L., Jobes, D. A., & Silverman, M. M. (2006). *Adolescent suicide: Assessment and intervention* (2nd ed.). Washington DC: American Psychological Association.

Bierman, K. L., & McCauley, E. (1987). Children's descriptions of their peer interactions: Useful information for clinical child assessment. *Journal of Clinical Child Psychology, 16* (1), 9–18.

Bongar, B., Berman, A. L., Maris, R. W., Silverman, M. M., Harris, E. A., & Packman, W. L. (1998). *Risk management with suicidal patients*. New York: Guilford Press.

Boonstra, H., & Nash, E. (2000). Minors and the right to consent to health care. *The Guttmacher Report on Public Policy, 3* (4), 4–8.

Borowsky, I. W., Resnick, M. D., Ireland, M., & Blum, R. W. (1999). Suicide attempts among American Indian and Alaska Native youth: Risk and protective factors. *Archives of Pediatric Adolescent Medicine, 153* (6), 573–580.

Brausch, A. M., & Gutierrez, P. M. (2010). Differences in non-suicidal self-injury and suicide attempts in adolescents. *Journal of Youth and Adolescence, 39* (3), 233–242.

Brent, D. A., Baugher, M., Bridge, J., Chen, T., & Chiappetta, L. (1999). Age- and sex-related risk factors for adolescent suicide. *Journal of the American Academy of Child and Adolescent Psychiatry, 38* (12), 1497–1505.

Brent, D. A., Johnson, B., Bartle, S., Bridge, J., Rather, C., Matta, J., et al. (1993). Personality disorder, tendency to impulsive violence, and suicidal behavior in adolescents. *Journal of the American Academy of Child and Adolescent Psychiatry, 32* (1), 69–75.

Brent, D. A., Johnson, B. A., Perper, J., Connolly, J., Bridge, J., Bartle, S., et al. (1994). Personality disorder, personality traits, impulsive violence, and completed suicide in adolescents. *Journal of the American Academy of Child and Adolescent Psychiatry, 33* (8), 1080–1086.

Brent, D. A., Kalas, R., Edelbrock, C., & Costello, A. J. (1986). Psychopathology and its relationship to suicidal ideation in childhood and adolescence. *Journal of the American Academy of Child Psychiatry, 25* (5), 666–673.

Brent, D. A., Kerr, M. M., Goldstein, C., & Bozigar, J. (1989). An outbreak of suicide and suicidal behavior in a high school. *Journal of the American Academy of Child and Adolescent Psychiatry, 28* (6), 918–924.

Brent, D. A., Kolko, D. J., Birmaher, B., Baugher, M., Bridge, J., Roth, C., et al. (1998). Predictors of treatment efficacy in a clinical trial of three psychosocial treatments for adolescent depression. *Journal of the American Academy of Child and Adolescent Psychiatry, 37* (9), 906–914.

Brent, D. A., Kolko, D. J., Wartella, M. E., & Boylan, M. B. (1993). Adolescent psychiatric inpatients' risk of suicide attempt at 6-month follow-up. *Journal of the American Academy of Child and Adolescent Psychiatry, 32* (1), 95–105.

Brent, D. A., Perper, J. A., Goldstein, C. E., Kolko, D. J., Allan, M. J., Allman, C. J., et al. (1988). Risk factors for adolescent suicide. A comparison of adolescent suicide victims with suicidal inpatients. *Archives of General Psychiatry, 45* (6), 581–588.

Brent, D. A., Perper, J. A., Moritz, G., Allman, C., Friend, A., Roth, C., et al. (1993).

hopelessness, and perceived family environments in depressed and suicidal children. *Journal of Consulting and Clinical Psychology, 55* (3), 361–366.

Asarnow, J. R., Porta, G., Spirito, A., Emslie, G., Clarke, G., Wagner, K. D., et al. (2011). Suicide attempts and nonsuicidal self-injury in the treatment of resistant depression in adolescents: Findings from the TORDIA study. *Journal of the American Academy of Child and Adolescent Psychiatry, 50* (8), 772–781.

Aseltine, R. H., Jr. (2003). An evaluation of a school-based suicide prevention program. *Adolescent and Family Health, 3* (2), 81–88.

Aseltine, R. H., Jr., & DeMartino, R. (2004). An outcome evaluation of the SOS suicide prevention program. *American Journal of Public Health, 94* (3), 446–451.

Aseltine, R. H., Jr., James, A., Schilling, E., & Glanovsky, J. (2007). Evaluating the SOS suicide prevention program: A replication and extension. *BMC Public Health, 7* (1), 161.

Baerger, D. R. (2001). Risk management with the suicidal patient: Lessons from case law. *Professional Psychology: Research and Practice, 32* (4), 359–366.

Baldry, A. C., & Winkel, F. W. (2003). Direct and vicarious victimization at school and at home as risk factors for suicidal cognition among Italian adolescents. *Journal of Adolescence, 26* (6), 703–716.

Barrett, P. M., Dadds, M. R., & Rapee, R. M. (1996). Family treatment of childhood anxiety: A controlled trial. *Journal of Consulting and Clinical Psychology, 64* (2), 333–342.

Beautrais, A. L., Joyce, P. R., & Mulder, R. T. (1996). Risk factors for serious suicide attempts among youths aged 13 through 24 years. *Journal of the American Academy of Child and Adolescent Psychiatry, 35* (9), 1174–1182.

Beautrais, A. L., Joyce, P. R., Mulder, R. T., & Fergusson, D. M. (1996). Prevalence and comorbidity of mental disorders in persons making serious suicide attempts: A case–control study. *American Journal of Psychiatry, 153* (8), 1009–1014.

Beck, A. T., & Steer, R. A. (1988). *Beck Hopelessness Scale manual.* San Antonio, TX: Psychological Corporation.

Beck, A. T., & Steer, R. A. (1991). *Beck Scale for Suicide Ideation manual.* San Antonio, TX: Harcourt Brace. Beck, A. T., Steer, R. A., & Ranieri, W. F. (1988). Scale for Suicide Ideation: Psychometric properties of a self-report version. *Journal of Clinical Psychology, 44* (4), 499–505.

Beck, A. T., Weissman, A., Lester, D., & Trexler, L. (1974). The measurement of pessimism: The hopelessness scale. *Journal of Consulting and Clinical Psychology, 42* (6), 861–865.

Belik, S., Cox, B. J., Stein, M. B., Asmundson, G. J. G., & Sareen, J. (2007). Traumatic events and suicidal behavior: Results from a national mental health survey. *Journal of Nervous and Mental Disease, 195* (4), 342–349.

Bender, W. N., Rosenkrans, C. B., & Crane, M. (1999). Stress, depression, and suicide among students with learning disabilities: Assessing the risk. *Learning Disability Quarterly, 22* (2), 143–156.

Berman, A. L. (2006). Risk management with suicidal patients. *Journal of Clinical*

文 献

Achenbach, T. M., McConaughy, S. H., & Howell, C. T. (1987). Child/adolescent behavioral and emotional problems: Implications of crossinformant correlations for situational specificity. *Psychological Bulletin, 101* (2), 213–232.

Agerbo, E., Nordentoft, M., & Mortensen, P. B. (2002). Familial, psychiatric, and socioeconomic risk factors for suicide in young people: Nested case–control study. *British Medical Journal, 325* (7355), 74–77.

American Academy of Child and Adolescent Psychiatry. (1998). Practice parameters for the assessment and treatment of children and adolescents with depressive disorders. *Journal of the American Academy of Child and Adolescent Psychiatry, 37* (Suppl.), 63S–83S.

American Academy of Child and Adolescent Psychiatry. (2001). Practice parameters for the assessment and treatment of children and adolescents with suicidal behavior. *Journal of the American Academy of Child and Adolescent Psychiatry, 40* (Suppl.), 24S–51S.

American Academy of Child and Adolescent Psychiatry. (2009). Improving mental health services in primary care: Reducing administrative and financial barriers to access and collaboration. *Pediatrics, 123* (4), 1248–1251.

American Medical Association. (2012). JAMA Evidence Glossary. Retrieved May 16, 2012, from *http://jamaevidence.com/glossary*. American Psychiatric Association. (2000). *Diagnostic and statistical manual of mental disorders* (4th ed, text rev.). Washington, DC: Author.

American Psychiatric Association. (2003). Practice guideline for the assessment and treatment of patients with suicidal behaviors. (Erratum appears in American Journal of Psychiatry (2004), *161* (4), 776. *American Journal of Psychiatry, 160* (11 Suppl.), 1–60.

American Psychiatric Association. (2006). *American Psychiatric Association practice guidelines for the treatment of psychiatric disorders: Compendium 2006*. Washington, DC: Author.

Andrews, J. A., & Lewinsohn, P. M. (1992). Suicidal attempts among older adolescents: Prevalence and co-occurrence with psychiatric disorders. *Journal of the American Academy of Child and Adolescent Psychiatry, 31* (4), 655–662.

APA Presidential Task Force on Evidence-Based Practice. (2006). Evidence-based practice in psychology. *American Psychologist, 61* (4), 271–285.

Arata, C. M., Langhinrichsen-Rohling, J., Bowers, D., & O'Brien, N. (2007). Differential correlates of multi-type maltreatment among urban youth. *Child Abuse and Neglect, 31* (4), 393–415.

Asarnow, J. R., Carlson, G. A., & Guthrie, D. (1987). Coping strategies, self-perceptions,

ま

や

ら

な

は

た

さ

か

索　引

A-Z

あ

監訳者略歴

高橋 祥友……たかはし よしとも

1979年、金沢大学医学部卒業。医学博士、精神科医。東京医科歯科大学、山梨医科大学、UCLA、東京都精神医学総合研究所、防衛医科大学校を経て、2012年より筑波大学医学医療系災害精神支援学教授。

著書――『自殺の危険:臨床的評価と危機介入』『青少年のための自殺予防マニュアル』(以上、金剛出版)、『医療者が知っておきたい自殺のリスクマネジメント』『自殺のポストベンション;遺された人々への心のケア』(以上、医学書院)、『自殺予防』(岩波新書)、『群発自殺』(中公新書)、『自殺のサインを読みとる』『自殺の心理学』『自殺未遂」(以上、講談社)他。

訳書――シュナイドマン, E.S.『シュナイドマンの自殺学』、シュナイドマン, E.S.『生と死のコモンセンスブック:シュナイドマン90歳の回想』、ミラー, A.L.ら『弁証法的行動療法:思春期患者のための自殺予防マニュアル』、ボナーノ, G.A.『リジリエンス:喪失と悲嘆についての新たな視点』(以上、金剛出版)、ブレント, D.A.ら『思春期・青年期のうつ病治療と自殺予防』、モリソン, J.『精神科初回面接』(以上、医学書院)、マルツバーガー, J.T.『自殺の精神分析』(星和書店)他。

訳者略歴

高橋 晶……たかはし しょう

1996年、昭和大学医学部卒業。医学博士、精神科医。2012年より筑波大学医学医療系災害精神支援学講師。

今村 芳博……いまむら よしひろ

1990年、鹿児島大学医学部卒業。医学博士、精神科医。2014年より筑波大学医学医療系災害精神支援学助教。

鈴木 吏良……すずき りら

1995年、同志社大学卒業、2005年、京都ノートルダム女子大学大学院卒業。臨床心理士、産業カウンセラー。2013年より筑波大学医学医療系災害精神支援学助教。

十代《じゅうだい》の自殺《じさつ》の危険《きけん》

臨床家のためのスクリーニング、評価、予防のガイド

2016年1月10日　印刷
2016年1月20日　発行

著者────シェリル・A・キング、シンシア・E・フォスター、ケリー・M・ロガルスキー
監訳者───高橋祥友
訳者────高橋 晶、今村芳博、鈴木吏良
発行者───立石正信
発行所───株式会社 金剛出版
〒112-0005
東京都文京区水道1-5-16
電話 03-3815-6661
振替 00120-6-34848

印刷所───三報社印刷

ISBN978-4-7724-1466-1 C3011

リジリエンス
喪失と悲嘆についての新たな視点
◆著―G・A・ボナーノ　◆監訳―高橋祥友

本書は死別の過程をきわめて新鮮に、科学的な根拠に基づいて描き出し、肯定的な感情、笑い、死後も続く絆について多くの例を挙げて解説。
●四六判上製　●304頁　●本体2800円［＋税］

患者の自殺
セラピストはどう向き合うべきか
◆著―K・M・ワイナー　◆訳―高橋祥友

自殺による死者は今も年間3万人を超えている。患者の自殺というセラピストにとっての個人的トラウマ、悲嘆を乗り越えるための必読書。
●四六判上製　●226頁　●本体2800円［＋税］

統合失調症と家族
当事者を支える家族のニーズと援助法
◆著―M・ワソー　◆監修―高橋祥友　◆訳―柳沢圭子

あなたの大切な人や家族が、精神の病になったら？本書には、当事者や家族と治療者のための対応と援助のヒントが数多く紹介されている。
●四六判上製　●290頁　●本体2800円［＋税］

セラピストのための自殺予防ガイド
◆編著―高橋祥友

学校で、会社で、地域で、自殺予防に取り組む際の精神療法的アプローチについて詳述し、遺族や援助者自身のケアについても解説する。
●A5判並製　●240頁　●本体2800円［＋税］

生と死のコモンセンスブック
シュナイドマン90歳の回想
◆著―E・シュナイドマン　◆監訳―高橋祥友

シュナイドマンは、自殺予防学を確立した世界的に著名な心理学者。本書はその遺作であり、〝死〟についての思索をきわめた精神の旅が展開する。
●四六判上製　●290頁　●本体2800円［＋税］